JN114266

顧客のための
総合提案書の作り方

～事業・資産承継と運用に関する**投資政策書**入門～

公益社団法人
日本証券アナリスト協会
The Securities Analysts Association of Japan

発刊にあたって

1．資産や事業の承継、管理へ対応するプロフェッショナルの重要性

　わが国では、高齢化が進む中で、中小企業の数が減少傾向にあります。総務省の統計によれば、65歳以上が人口に占める比率である高齢化率は2019年が28%でしたが、約20年後の2040年には35%まで高まります。また、中小企業庁が発表した統計によれば、2016年の中小企業の数は381万社で全企業数の99.7%を占めており、2年前の2014年に比べて20万社以上減少していますし、今後も減少傾向は続くと予想されています。

　こうした中で、個人や中小企業にとって資産や事業の承継、維持・管理が重要な課題となっています。近年、銀行や証券などの金融機関では、こうした分野における専門性の高い人材の育成に注力しつつ、コンサルティング等のサービス提供のウェイトを高めてきています。

　当協会では、顧客の抱える多様な課題に対し、顧客の立場に立って、顧客の事業と資産の両面にわたるソリューションを提案し、その実行を支援するプロフェッショナルを育成することが重要であるとの考えから、そうしたプロフェッショナルが身に付けるべき知識を体系化し、プライベートバンカー（PB）教育プログラムとPB資格の提供を行っています。

　このような個人や中小企業の課題への対応や、そうした課題に応えるための金融機関の人材育成の必要性が今後高まっていくと予想される状況下、プライベートバンカー（PB）資格を持った人材の重要性は益々高まっていくと考えています。

2．プライベートバンカー（PB）に期待される役割

　それでは、顧客の立場に立ってソリューションを提案し、その実行を支援するプロフェッショナルであるPBにはどのような役割が期待されているのでしょうか。PB教育プログラムでは、カウンセラー（顧客の思いの傾聴者）、コンサルタント（ソリューションの提案者）、コーチ（ソリューションの実行を支援する伴走者）の3つの役割を果たせるような人材の育成を目指しています。

カウンセラーの役割は、顧客の価値観を明確にするプロセスであり、顧客の思いに真摯に耳を傾け、その思いを言語化することを支援したり、顧客が自分の思いを具体的にイメージできるように支援することです。

　このようにして顧客の思いが明確になると、次にそうした思いを具体化するためのソリューションを提案することが必要になり、そうした提案を行うのがコンサルタントの役割です。無論、ソリューションは、顧客の立場に立った全体最適の観点から提案されなければなりません。PBは提案したソリューションに対して顧客が合理的な意思決定をできるように支援することが求められており、その際にはソリューションの説明力と顧客に対する説得力というスキルが重要になります。

　ソリューションが決まれば、それを実行する際に顧客とともに歩んでいくのがコーチとしての役割です。コーチは、顧客と対峙するのではなく、顧客の目線で、顧客とともに資産や事業の承継や維持・管理を行っていく伴走者です。ソリューションを実行していくうえで、様々な困難に遭遇した時、コーチは顧客とともに困難を乗り切り、顧客とともにソリューションの実現に向けて歩んでいくことが求められています。

3．本書のねらい

　当協会では、カウンセラー、コンサルタント、コーチという3つの役割を果たすことができるプロフェッショナルの資格としてシニア・プライベートバンカー（シニアPB）資格を提供しており、シニアPB資格を取得するためには顧客に対する体系的な提案書である投資政策書の作成を課しています。例えば、顧客がオーナー経営者の場合、シニアPBは顧客とその一族に対し、税務面や法務面はもちろん、家族のつながりや一体性を強化するような全体最適な投資政策書を作成することが求められています。

　投資政策書は、（1）ファミリーミッションと現状分析、（2）相続・事業承継と資産運用に関する提案、（3）モニタリングという3つの部分で構成されています。カウンセラーとして顧客の思いや顧客のファミリーの目標を傾聴し取りまとめたものが、（1）のファミリーミッションと現状分析です。次に、コンサルタントとして（2）相続・事業承継と資産運用に関する提案

という形でソリューションを顧客に提示します。最後に、コーチとしてソリューションを実行する際に考えなければならない留意点や想定されるリスクをまとめた資料がモニタリングであります。さらに、先程述べたソリューションの説明力と顧客に対する説得力というスキルの習得という観点からは、投資政策書の冒頭で提案の要旨を1～2ページで顧客に提示するエグゼクティブサマリーが極めて重要であります。

　本書は、当協会が主催するPBセミナーにおけるケーススタディをベースに投資政策書の作成方法をまとめたものです。PBセミナーでは、シニアPBが実際に顧客に接する状況をできる限り再現しながら、投資政策書作成の講習を行います。まず参加者が、ファミリービジネス企業のオーナー社長役を務める講師の思いに耳を傾け、グループディスカッションを通じて投資政策書を作成した後、講師に対してソリューションを提案し、最後に講師が講評するという極めて実践的なセミナーです。本書ではPBセミナーで実際に使われたケーススタディを取り上げて、投資政策書の作成方法と実例を掲載しています。

　当協会としては、本書がカウンセラー、コンサルタント、コーチを目指す全てのプロフェッショナルの方々に役立つ内容であると確信しています。より多くの方々が本書により、これら3つの役割を果たすための極意を修得されることを心から願っています。

2020年7月

公益社団法人　日本証券アナリスト協会
専務理事　前原康宏

目　次

第1章　はじめに

「生涯現役のキャリアとしてのPBビジネス」

PB教育委員会委員長　米田　隆

1　市場としての魅力

　PB業務に関わるようになって既に30年を越えている。この間、国内のバブル経済の崩壊、リーマン金融危機からコロナパンデミックと10年単位で株式市場の暴落を経験した。こうした資本市場の大変動にもかかわらず、世界レベルでの富の二極化は進展し、世界のPB市場は着実に成長してきた。PBビジネスは、年金など機関投資家向けサービスとは異なり、収益性も高く一旦顧客となるとバンカーと顧客の関係はより安定的である。このため、どの金融機関も、最後の有望市場としてPBビジネスを口にする。その結果、新規開拓を目指すバンカーは顧客から競争入札に並ぶことを強いられる。

2　ファミリービジネスを対象とする法・個一体営業アプローチ

　日本証券アナリスト協会では、いち早くPBの中核顧客は有力ファミリービジネスの一族であると認識していた。また企業分析とポートフォリオ分析という、FPには無いノウハウを提供し得る教育機関であるとの自負から独自のPB資格制度を確立した。実際、シニアPB筆記試験ではいずれもファミリービジネスの事業・資産承継問題を抱えている一族への全体最適に立った包括的なソリューションを顧客視点で提供することが求められる。

3　生涯現役の仕事となり得るPBビジネス

　PBビジネスの対象顧客は、いずれも人生の成功者であり、助言者としてこうした顧客を長期に渡り多面的に支援するには、総合的金融サービスのノウハウだけでなく、深い人間力が問われるのは当然だ。幅広い人脈に加え支払い能力も高いことからプロフェッショナルの選択眼も厳しい。顧客の要求

1

が厳しく目も肥えているからこそ、サービスの提供者であるプライベートバンカーの学びやプロフェッショナルネットワーク作りにも力が入る。

　人生100年時代を迎え、最高のクライアントに対し究極の総合金融サービスを提供するプライベートバンカーの仕事は今後益々注目され、多くの人が生涯現役のキャリアとして目指すと考えられる。私自身、健康で継続的学びが可能な限り、85歳までプライベートバンカーとして現役を目指したいと密かに心に誓っている。

④　自らの資源を棚卸し明確な顧客ターゲットを持つ

　市場としての魅力もあり、生涯現役の対象としての価値も高まるキャリアとなれば競争が激しくなることが予想される。そこで重要となるのが目標とする顧客ニーズに対応した自らの総合力の磨き込みだ。私の場合、一族事業の基盤である一族一体性強化を目的としたファミリーガバナンスの体制の確立、大学の教員として培った次世代経営者の教育といった非金融サービスと金融サービスを融合した一族への包括的ソリューションを提供している。要は、自分の得意分野を顧客の視点で再編成し、顧客からみたオンリーワンの存在になることを目指すということだ。

　本書に掲載したケースはいずれも教材としては歯ごたえ十分であり、PBの中核顧客である有力ファミリービジネスの課題発掘と、包括的ソリューションの考察には格好の素材といえる。

　是非シニアPB資格を取得し、個人ブランドのあるプライベートバンカーとして、生涯現役のキャリアを目指していただきたい。

第2章　投資政策書とは？

「顧客のための事業・資産承継と運用の総合提案書としての投資政策書」

PB教育委員会委員　北山雅一

1 投資政策書とは

　投資政策書とは、プライベート・バンカーの"最終兵器"であり、顧客が投資に関する意思決定を行うための裏付けとなる書類である。顧客ファミリー全体が目指す最終的なゴール達成のために、「現状分析➡課題の整理➡複数の対策の検討➡全体最適を実現する解決策の提案」の手順で全体を見渡した結果、最も顧客ファミリー全体に相応しいと思われる解決策を助言するための提案書である。顧客とのコミュニケーション・ツール、投資教育ツール、意思決定の確認書でもある。

　ここでいう「投資」とは、金融資産の投資だけでなく、事業の成長と承継、一族の幸福を実現するための事業投資、健康、芸術、社会貢献に係わる広義の資源配分を指す。

　日本証券アナリスト協会が実施するシニアPB（プライベートバンカー）資格の筆記試験の課題にも指定されている投資政策書の作成では、プライベート・バンカーとしての総合力が問われる。富裕層ファミリーのミッションを実現し、次世代以降への円滑な財産の移転を図るためには、金融、不動産、自社株から税務、家族の夢の実現に至るまで、目配りの利いた包括的な顧客最適な内容が不可欠である。そのためには、多岐にわたる高度な知識が必要なのはもちろんのこと、各分野の専門家との連携が欠かせない。

　投資政策書（ここでは、中小企業オーナーへの提案例を念頭に置く）を作成する上でのポイントは、「詳細性と概観性のバランス」（エグゼクティブ・サマリー＋各論）である。

　冒頭（エグゼクティブサマリー）の結論に至った根拠を事業面・家族面に分けて、それぞれ、現状分析➡課題整理➡複数対策案検討の順で示す。

提案の計画実施にあたり、全体の工程表、留意点、想定されるリスクを予め提示することも重要である。また、計画実施後のモニタリング方法にも言及する。

富裕層ファミリーの場合には複雑な事情が絡み合っていることが多いため、それらをいかに解決していくかは書き手の論理構成・分析手法によって、さまざまな提案内容となり得るので、出口は1つではない。

投資政策書を作成すると、プライベート・バンカーとしてのスキルの程度が如実に表われるため、PB資格試験最高峰であるシニアPBの筆記試験課題に指定されているのである。

❷ 投資政策書の構成

次に、投資政策書の構成を各項目のポイントと併せて紹介する。

投資政策書は、通常、エグゼクティブサマリー（提案の要旨）とサマリーを導くための検討過程、根拠等の2つから構成される。

忙しい企業オーナーや資産家の興味を引くには、エグゼクティブサマリーで提案の要旨を簡潔にかつ魅力的に表現する。提案の成否は、このエグゼクティブサマリーで決まると言っても過言ではない。エグゼクティブサマリーを導くための検討過程、根拠では、提案が全体最適であること、実現可能であることを、具体的な数字や資料を用いてわかりやすく解説する。

① 「エグゼクティブサマリー（提案の要旨）」

まず冒頭に置く「エグゼクティブサマリー（提案の要旨）」。

これは、提案の要旨を1～2ページほどで顧客に提示するものである。企業オーナーや資産家層は大変多忙な人が多いので、何が結論なのかを、1～2ページ程度のサマリーにまとめて、課題と選択すべき対策案、およびその効果を、事業面・家族面に分けて提示する。

② 「ファミリーミッション」

次に「ファミリーミッション」。

ファミリー全体のゴールを明確にする意味も含まれる。ファミリーの目標

を外部の人間が示すというと、おせっかいにも思えるが、企業オーナーや資産家層のファミリーの場合、得てして複雑な事情が絡み合っていることが多く、それらを解きほぐし、整理して提示するというのも、実はプライベートバンカーとしての大切な役割である。

③　「現状分析」

そして提案書の結論に至った根拠を事業面・家族面に分けて説明する。

まずは、「現状分析」である。現状分析においては、BSやPLを基に顧客企業の分析を行うのはもちろんだが、事業の環境と将来性のチェックや顧客とその家族の思いにもしっかり配慮する必要がある。

④　「対策案の検討」

こうして得た現状分析に基づき、「対策案の検討」を行う。

その中でも、相続・事業承継対策は、顧客にとって、最も関心の高い事項であり、投資政策書の中心となる部分なので、わかりやすく、説得力のある内容とする必要がある。そのためには、複数案の比較対照を行い、図表を使ってポイントを明確にするのが良い。つづいて、資産運用提案の検討を行うが、ここで注意すべきなのは、金融資産だけに着目してポートフォリオ提案を行うのではなく、顧客の本業ビジネスとの関係を考慮したうえでバランスの取れたポートフォリオとする必要があるということである。

⑤　「モニタリング」

計画実施後の「モニタリング」を予め提示することも重要である。また、提案計画の実施にあたり、留意点や想定されるリスクに言及することも忘れてはいけない。

❸　全体の構成と必要な知識

投資政策書全体の構成を目次に沿って、その概要と必要な知識を確認する。

(1)　投資政策書目次例

① エグゼクティブ・サマリー

② ファミリーミッション

③ 現状分析（事業面と家族面）

④ 相続・事業承継の提案

⑤ 資産運用提案

⑥ モニタリング

⑦ 計算根拠等の付表

(2)　各構成要素の概要と必要な知識

① エグゼクティブ・サマリー

```
┌──────────────────────────────────────┐
│         エグゼクティブ・サマリー          │
│                                        │
│  ●冒頭に結論をエグゼクティブ・サマリーとして掲載 │
│   （1～2ページ程度）                     │
│  ●顧客が一見して理解できる概観性が必要      │
│                                        │
│   ┌──────────┐  ┌──────────┐        │
│   │  事業面     │  │  家族面     │        │
│   │ 現状分析と対策│  │ 現状分析と対策│        │
│   └──────────┘  └──────────┘        │
└──────────────────────────────────────┘
```

② ファミリーミッション

```
┌─────────────────────────────┐      ┌────────────────────────┐
│        ファミリーミッション       │      │ PB    必要な知識          │
│                               │ ◀──  │                          │
│ ●ファミリーが達成したい目標      │      │ ◆リレーションシップ・     │
│ ●投資政策書の重要な構成要素     │      │  マネジメント            │
│  ┌────────┐  ┌────────┐    │      │ ◆ウェルスマネジメント      │
│  │ 事業面   │  │ 家族面   │    │      │                          │
│  └────────┘  └────────┘    │      └────────────────────────┘
└─────────────────────────────┘
```

③ 現状分析（事業面）

```
┌─────────────────────────────┐      ┌────────────────────────┐
│        現状分析（事業面）        │      │ PB    必要な知識          │
│                               │ ◀──  │                          │
│ ●業界の現状、今後の市場動向の分析 │      │ ◆ウェルスマネジメント      │
│ ●顧客企業の現状分析（BS、PL）    │      │  証券アナリスト的な企業・    │
│                               │      │  市場分析力              │
└─────────────────────────────┘      └────────────────────────┘
```

現状分析（家族面）

現状分析（家族面）

- 家計貸借対照表を作成
- 見えない将来負債である未払い相続税額を見える化

PB 必要な知識
- ◆ウェルスマネジメント
- ◆不動産（含む海外）
- ◆税金（含む海外）

④　相続・事業承継の提案

事業承継の提案

- 事業承継に関わる複数の対策案を比較検討
- 最良と思われる提案とそこに至る理由および効果を説明

PB 必要な知識
- ◆ウェルスマネジメント
- ◆不動産（含む海外）
- ◆税金（含む海外）　◆信託

相続の提案

- 相続に関わる複数の対策案を比較検討
- 最良と思われる提案とそこに至る理由および効果を説明

PB 必要な知識
- ◆ウェルスマネジメント
- ◆不動産（含む海外）
- ◆税金（含む海外）　◆信託

⑤　資産運用提案

資産運用提案

- 資産運用提案
- 顧客の本業ビジネスとの関係の中で、リスク許容度、投資目的を定義

PB 必要な知識
- ◆ウェルスマネジメント

⑥ モニタリング

モニタリング

- ●計画を実行するにあたり、想定される リスクと留意点
- ●モニタリングではどこを重点的に チェックすべきか
- ●工程表の作成

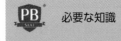

必要な知識

◆ウェルスマネジメント

⑦ 計算根拠等の付表

計算根拠等の付表

- ●本文に記載した数値の計算根拠を明示

(3)　作成手順図

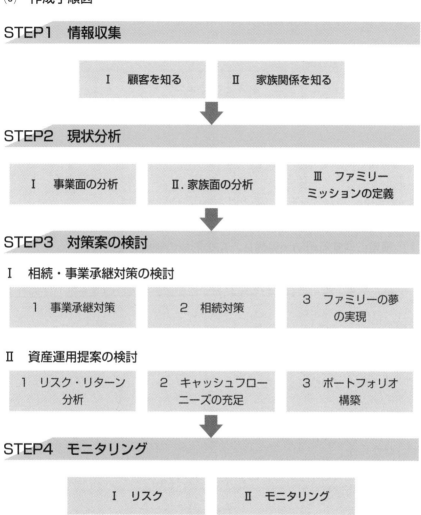

4　作成の手引き

前ページの作成手順図に沿って、詳しく見ていく。

STEP1　情報収集

STEP1 として、まずは、顧客とコミュニケーションをとりながら、顧客のニーズや様々な情報を収集する。

Ⅰ　顧客を知る

まずは、メインとなる顧客ファミリーについて、次のようなポイントを押さえながら、財務状況をはじめとした顧客情報を把握する。

1　事業に対する思い・見通し、富の形成の経緯等を聴く。

(1)　事業に対する思い入れや将来の見通しは。

　➡企業オーナーは自らの事業に対する愛着が強く、事業を通しての社会貢献に意義を感じていることが多い。

(2)　事業承継を考えているのか、第三者に売却するつもりはあるのか、廃業もありうるのか。

　➡今後の方向性によって、キャッシュフローや資産運用の方向性が大きく変わる。

(3)　どのようにして富を築いたのか、違法な業務や手段で形成したものではないか。

　➡マネーロンダリングの問題はないか等、コンプライアンスの観点からも確認する。

2　財務状況の把握（オーナー企業を含めたファミリー全体の財務状況の把握）

(1)　経常資金収支を把握する。

　➡収支動向が赤字である場合や、黒字体質が安定しない場合には、投資余力もなく、リスク許容度も低い。PL上の過不足資金がBS上の余剰資金の純増純減と対応する。

⑵　純資産規模を把握する。

➡純資産規模が大きければ大きいほど、投資におけるリスク許容度が高い。借入金額が大きければ大きいほど、運用におけるリスク許容度が低い。

⑶　簿外債務・不良債権を把握する。

➡債務保証の履行を求められるリスクなどが存在していないか。法人への出資、貸付金（未収入金）、簿価から大きく時価評価を落とした不動産等、純資産価値の実質評価を引下げる要因は存在しないか。

⑷　未払相続税への対応度合いを把握する。

➡未払相続税＜流動性資産＋生命保険受取予定額となっているか確認する。

Ⅱ　家族関係を知る

　メインとなる顧客のファミリーメンバーに関する情報（家族構成、家族関係、役割など）を把握することも重要であるため、次のようなポイントを確認するように情報収集する。

1．事業承継者
2．一族の事業への役割・関与
3．非居住者の存否
4．一族の中での不和の有無
5．一族の中での健康状態

　なお、一族メンバーの潜在的問題を把握する手法として、スリーサークルモデルがある。これは、経営・所有・家族という3つのサークルの交わりからできる7つの領域に、一族の主要メンバーを描き入れながらおのおのの利害関係の対立原因を探る分析手法である。

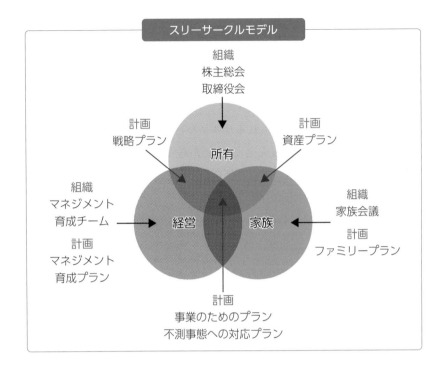

スリーサークルモデル

組織
株主総会
取締役会

計画
戦略プラン

計画
資産プラン

所有

組織
マネジメント
育成チーム

経営

家族

組織
家族会議

計画
マネジメント
育成プラン

計画
ファミリープラン

計画
事業のためのプラン
不測事態への対応プラン

STEP2　現状分析

STEP2 では、 STEP1 で収集した情報を基に現状分析を行う。事業面、家族面に分け、それぞれの問題点の整理、課題の洗い出しを行う。また、この段階で、ファミリーミッションが明らかになる。

I　事業面の分析

次のような分析をもとに、事業の実態を正確に把握する。

1　マクロ分析
(1)　経済環境分析
(2)　業界の分析
(3)　税制改正の動向

2　ミクロ分析

⑴　経営の状況（PL、BS）

⑵　同業他社との競合の状況

⑶　従業員、会社組織の状況

⑷　将来の見通し

II　家族面の分析

次のような分析をもとに、家族の状況を正確に把握する。

1　ファミリーの状況

⑴　後継者の状況

⑵　家族内の問題

⑶　ファミリーの目標

2　所有の状況

⑴　ファミリーが保有する資産の状況

⑵　自社株の評価と保有状況

⑶　相続税準備資金と流動性対策

⑷　円滑な財産分割

III　ファミリーミッションの定義

ファミリーの目的を明らかにする。

1．将来（例えば20年後）のあるべきファミリーのイメージ

2．3つの資本（財的資本、人的資本、知的資本）のバランスを考えた保全

3．ファミリーミッション・ステートメントが目標、投資政策書はそのための手段

STEP3 　対策案の検討

STEP3 では、 STEP2 で整理された現状分析を基に、課題を解決し、ファミリーミッションを達成するためのソリューションを検討する。また、より説得力を高めるために複数の対策案を比較検討し、提案を絞り込む。

1．基本アプローチ

資産規模の大きい富裕層を対象とするプライベート・バンキングにおいて、運用の基本方針を考える場合、①ストラクチャー、②運用目的、③運用にあたっての運用ガイドラインの3つを決定する必要がある。

2．ストラクチャーの選択

運用規模が10億円超の場合、資産管理会社を通じた運用ストラクチャーを検討することが必要となる場合が多い。また、一族の海外資産の存在や一族のメンバーが非居住者のために、海外贈与などの要請から、海外スキームを必要とする場合がある。

3．運用目的とキャッシュフロー・ニーズで見た投資戦略の決定

<table>
<tr><th colspan="2" rowspan="2"></th><th colspan="2">キャッシュフローニーズ</th></tr>
<tr><th>経常CFニーズ有り</th><th>経常CFニーズ無し</th></tr>
<tr><td rowspan="2">運用目的</td><td>資産保全</td><td>証券中心の元本保全型運用</td><td>絶対リターンを目指すヘッジファンドを含んだ流動性リスクは取るが、元本リスクは極力取らない運用</td></tr>
<tr><td>資産形成</td><td>債券と株によるバランス型運用</td><td>株式を中心にPE（バイアウト・ファンド、ベンチャーキャピタル）等、流動性リスクのみならず元本リスクも取るが、大きなキャピタルゲインを目指す運用</td></tr>
</table>

I　相続・事業承継対策の検討

1　事業承継対策

事業承継対策は、後継者候補が同族内にいるか、事業に将来性があるか、

といった前提条件を考慮しながら、複数の対策案を比較検討する。一般には、同族内事業承継、MBO、M&Aといった手法が考えられる。次の表は一般的な手法の比較だが、実際の顧客のケースを当てはめてさまざまな角度から比較検討する必要がある。

	特　徴	メリット	デメリット
同族内事業承継	●子等の親族を後継者として事業承継を行う	●所有と経営の分離を回避できる ●関係者から心情的に受け入れられやすい ●後継者の早期決定と後継教育が可能 ●事業承継税制の特例を活用できる	●親族内に経営能力のある後継候補がいるとは限らない ●相続人が複数いる場合、後継者の決定が難しい ●後継者以外の相続に対する配慮が必要
MBO	●経営陣・従業員への自社株の売却により事業承継を行う	●役員・従業員が変わらないため、経営方針を維持できる ●得意先を維持することができる	●前オーナーからの株式買収資金の調達が困難 ●オーナー以外の株主間の利害調整が必要 ●新経営陣に経営能力があるかわからない
M&A	●外部の第三者による合併・買収により自社株を売却する	●現オーナーは企業経営リスクから解放され株式売却益を得られる ●後継者を広く外部に求められる ●従業員の雇用を確保することができる	●希望条件を満たす買い手を見つけるのが困難なことがある ●新経営体制で従業員がやめるリスクがある ●買収会社と企業文化が異なる場合、融合が困難

2　相続対策

　相続対策は、後継者を含めたファミリーメンバー全員への配慮が必要となる。暦年贈与や相続時精算課税といった手法が有効なのか、事業承継税制の特例を活用できるのか、不動産を使った相続対策の余地はあるかなど、多角的に比較検討する必要がある。次の表はこれらの検討点を比較したものだが、このほかにも実際の顧客のケースに当てはめた対策を比較検討すべきである。

なお、家計貸借対照表をもとに、相続税未払額に対応する流動性資産の確保についても考慮する必要がある。

	特　徴	メリット	デメリット
暦年贈与	●基礎控除を活用して長期間にわたり生前贈与する	●手続きが容易	●長期の贈与が前提 ●基礎控除を上回る額は課税対象
相続時精算課税	●先に贈与を行い、相続開始時に相続財産に加算して計算する	●一度に比較的大きな金額の贈与が可能	●相続税の軽減には直接つながらない ●一旦選択すると、暦年贈与には戻せない
事業承継税制の特例	●事前に特例承継計画を提出し、各種条件を満たす	●贈与税または相続税の納税猶予や将来的な相続税の免除の可能性	●認定が取り消された場合のリスク ●承継人を固定する必要性
不動産の活用	●不動産を購入し、資産の組替えを行う	●不動産の相続税評価上の評価減（路線価、貸家建付地、貸家等）	●資産が固定化される ●短期取得は否認されるリスク

3　ファミリーの夢の実現のための対策

相続・事業承継対策においては、ファミリーの夢の実現に配慮する必要がある。人は必ずしも経済的な損得だけで意思決定をするわけではない。幼少の頃からの夢や家族に対する長年の思いを実現したいという気持ちは誰しもが持っている。また、家族の中に障がいがある方がいる場合などは、将来にわたっての安泰な生活を望む気持ちは強いといえる。このように場合によっては経済合理性に反することも考慮する必要がある。

Ⅱ　資産運用提案の検討

資産運用提案においては、まず投資の目的と運用上の制約（リスク許容度、リバランス許容度、用いるべきアセットクラス）を認識したうえで、ポートフォリオ理論に基づいた最適解を求めるようにする。

ここで注意すべきなのは、顧客の金融資産だけに着目するのではなく、本業ビジネスとの関係の中で、リスク許容度、投資目的を定義する必要がある

ということである。

1．リスク・リターン分析

2．キャッシュフローニーズの充足

3．ポートフォリオ構築

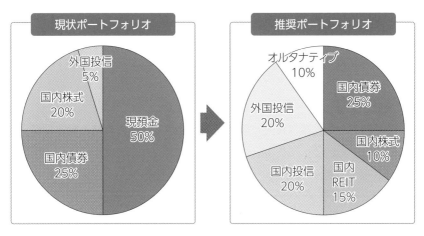

ポートフォリオ特性

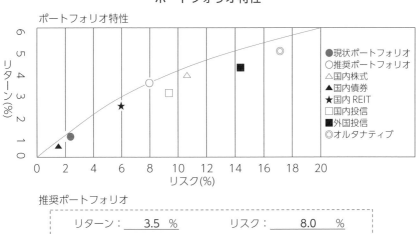

推奨ポートフォリオ

リターン：　　3.5　%　　　　リスク：　　8.0　　%

STEP4　モニタリング

STEP4 では、提案を実行した場合の効果およびリスクの検証を行う。

I　リスクの検証

1．市場環境の変化による影響

2．リーガルリスク

3．税制改正リスク

II　モニタリング

1　中長期でみた企業（資産）価値を増大させるための戦略と戦略投資資金
の確保

次の5要素に基づいて5年単位で長期資産形成のシミュレーションを行
う。

① 初期運用元本

② 目標リターンの設定

③ 毎年の資金引出率（対元本）の設定

④ 投資元本への年間純増投資額

⑤ 予想インフレ率➡毎年ロール・オーバーして見直す

2　相続税のインパクト・シミュレーション

① 予想相続税額（＝未払相続税額）を試算する

② 流動性資産への変換可能な資産額を試算する

③ 上記②−①による、突然の相続税支払いの短期支払能力へのインパク
トを予想する

5　投資政策書のチェックポイント

最後に、投資政策書作成にあたってのチェックポイントをあげる。

【チェックポイント①】

プライベート・バンカーである受験者が顧客ファミリーと十分なコミュニ

ケーションを重ねたと仮定した上で、ライフ・イベント表等も参考にしながら、顧客ファミリーの将来を想定すること。

【チェックポイント②】

　事業面（会社の概況、後継者候補の現状、自社株の評価）、家族面（メンバーの状況と意向、資産の評価、相続税の試算）における顧客ファミリーの現状分析を行うこと。

【チェックポイント③】

　現状分析から見えてくる事業面（(ア)経営環境、業界分析、管理体制、資金繰りなどの会社の概況、(イ)後継者候補、承継計画の有無・進捗状況、議決権比率などの後継者候補の現状、(ウ)自社株の評価）、家族面（(ア)メンバーの状況・抱える問題点、(イ)収入支出の状況、資産内容の把握、将来試算などの分析結果、(ウ)一次・二次相続の試算、遺言書の有無、遺産分割計画の有無、納税資金準備の状況などの相続の全体像）の問題点を整理すること。

【チェックポイント④】

　整理した問題点のそれぞれについての対策プランを複数案考え、比較検討する。選んだ立場如何では、職業倫理の観点から、直接にはアドバイスできない対策もあることから、平素から交流のある税理士、公認会計士、弁護士とのリレーションシップの活用も仮定して、提案書を作成すること。

事業面	●事業承継策（M&A、MBO、同族内・非同族内承継等）の選択と活用 ●事業承継税制の活用 ●投資育成会社からの出資 ●種類株式の活用 ●定款の属人的定めの活用 ●海外進出の検討 ●海外税制の検討 ●会社保有不動産のリストラ・活用 ●海外不動産の活用 ●資産管理会社の活用 ●リースの活用 ●生命保険の見直し・活用 ●従業員持株会の設立

家族面	●遺言の活用 ●教育資金贈与の活用 ●贈与の活用 ●信託の活用 ●資産運用の提案 ●加入保険の見直し ●家族個々人の夢の実現に向けての提案 ●子供・孫の教育 ●一般社団、財団法人の活用 ●慈善活動、社会貢献 ●セカンド・ライフに向けてのメンタル・ケア

【チェックポイント⑤】

　検討した複数案から基本方針と選んだ理由を明確にし、実施計画を策定し、ファミリー・ミッションを確定し、冒頭に置くエグゼクティブサマリー（結論）を完成させること。

【チェックポイント⑥】

　実施計画を実行するにあたり、想定されるリスクの所在、留意点などを踏まえ、モニタリングではどこを重点的にチェックすべきかを考えておくこと。

第3章　ケーススタディ

　ここで採りあげたケーススタディは、2016年〜2018年に日本証券アナリスト協会が主催したPBセミナーでの課題とケース、および解答例である。なお、本書では、各テーマ毎に3つの対策案それぞれについての検討を行う形をとっており、対策案の比較検討は行っていない。また、他にもやや簡略化した部分があること、本文の金額については概数を記載した部分があることをご承知おき願いたい。

PBセミナー講師　高須啓志

同　　　川合　拓

同　　　吉田満義

ケーススタディ1　『スーパー今中』

新事業承継税制を踏まえた企業価値経営と資産運用

1　貴方への課題

　プライベートバンカーである貴方に、関西地区を中心にスーパーを展開する企業オーナーから、事業・資産承継のアドバイザー選定のためのセレクションに声がかかった。

　顧客の事前情報（ケース）をもとに、

【問1】現状分析と課題整理を行い、
【問2】ソリューションの方向性を決め、
【問3】投資政策書を作成すること。

　投資政策書の作成にあたっては、顧客である今中ファミリーの立場に立って、顧客のあらゆる部分に目配りした「全体最適」の提案を行うこと。

❷ 対象とする具体的ケース

　プライベートバンカーはまず対象顧客の特性、考え方ないし希望、富の形成過程、財務状況、事業の状況、家族の状況等を把握し、顧客との間にしっかりした信認関係を築くことが基本である。ここでは、これらの情報を所与のものとして以下にファミリーの姿を示している。

(1)　家族構成

- ●今中　浩二　70歳　（主人公）
- ●今中　明子　67歳　妻
- ●今中　浩太　40歳　長男
- ●今中　亜里沙　36歳　長男妻
- ●今中　浩介　5歳　孫
- ●今中　朱里　1歳　孫
- ●吉村　里美　36歳　長女
- ●吉村　俊樹　38歳　長女夫
- ●吉村　真菜　3歳　孫

今中家　家系図

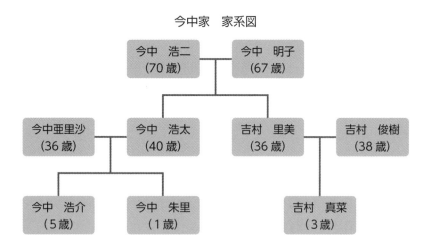

(2)　登場人物　金融機関及びコンサルティング会社

＜地銀Ａ銀行＞

田中　和弘　35歳　Ａ銀行芦屋支店　スーパー今中担当

名村　健一　51歳　Ａ銀行芦屋支店　支店長

スーパー業界における再編が活発化しているため、スーパー今中に対し、PE（プライベート・エクィティ）ファンドによる出資（EV/EVITDA比率＝EV（株式時価総額＋有利子負債）÷EBITDA（営業利益＋減価償却費）＝8倍）、新規事業や同業他社の買収によるバリュー・アップを考えている。

＜Ｂ証券＞

谷口　良和　48歳　プライベートバンカー

今中も含めた富裕層顧客を担当。

シニアPB資格取得者。

＜PE（プライベート・エクイティ）ファンドC（Ａ銀行系列）＞

市川　晃　52歳　代表

スーパー今中への出資（1/3未満）、新規事業投資、同業他社の買収などで、バリュー・アップし、提携先への譲渡やIPO（PER15倍）によるイグジットを提案。

＜税理士法人池上コンサルティング＞

池上　正蔵　50歳　公認会計士・税理士で、税理士20人、その他職員20人を擁する税理士法人の代表社員。

事業承継、資産管理を得意とする。

富裕層向けのコンサルティング、相続税の申告を行っている。

(3)　今中浩二氏の略歴

①　生い立ち

社長の浩二氏は70歳で二代目であり、急逝した創業者浩太郎氏の後継者として、35歳の若さで社長に就任した。

実家は兵庫県芦屋市の超高級住宅地六麓荘町にある。六麓荘町は東洋一の住宅地で400㎡以上の敷地の住宅しか建てることはできず、町には電柱も信

号もない。大企業創業家の経営者、大物ロック歌手、大物演歌歌手も居を構えている。

浩二氏は、K中学校からK高等学校までエスカレーター式で進学し、大学はK学院大学商学部に進学した。商学部では経営学を専攻し、応援団総部吹奏楽部で活躍した。妻の明子氏は応援団総部吹奏楽部の後輩であり、先輩、後輩の指導の中で、いつしか恋愛関係になり、大学卒業後、結婚に至った。

浩二氏は大学卒業後、将来的な後継者候補としての社会勉強になるからとの父親の勧めでM銀行に就職し、芦屋支店に配属になり、個人・法人業務に従事した。30歳になった頃、浩二氏は父親の浩太郎氏にスーパー今中に呼び戻され、取締役経営企画室長として着任した。着任当初は会社員との勝手の違いで苦労したが、他の役員、従業員の温かいサポートにより、34歳で常務取締役に就任した。

父親の浩太郎氏は浩二氏に今後、COO（最高執行責任者）として事実上、会社を経営させたうえで、問題がなければ、70歳で会長に退き、社長の座を譲る予定でいた。浩太郎氏が脳卒中で倒れたのはその矢先のことであった。

浩二氏は心を落ち着かせる間もなく、なし崩し的に社長に就任し、寝る間も惜しんで、働いた。浩二氏にとっては、これまで、父親＝会社であったので、会社、従業員の雇用の維持は当然であるが、常に頭の中にあったのは、顧客第一の父親の姿勢であった。父親の死去は大きな出来事ではあるが、これにより、商品、サービスの質が低下してはならないと日々必死であった。幸い、社内、取引先の強力なサポートもあり、浩二氏は会社経営を軌道に乗せ、第二の成長期へと舵を切ることができた。

② スーパー今中の沿革と概要

スーパー今中は、芦屋市や神戸市東灘区などを中心に関西地区で35店舗を展開している。所得階層の比較的高い顧客を対象に、高級食材や総菜等、品揃えの良さで高い評価を得ており、食品の購入にはスーパー今中にしか行かないと言う顧客も多い。類似の業態としては、大丸ピーコックや紀伊国屋等を挙げることができる。

当時、東灘区に1店舗しかなかったスーパー今中は過去35年で35店舗まで

拡大し（近年は駅中などに小型店も出店）、富裕層顧客に絞った地域特化型スーパーマーケットチェーンとして高い粗利率（業界平均24％に対して、当社33％）を誇っており、年率５％という高い売上高成長率を示現してきたが、足下の成長率は鈍化している。

　その特徴は輸入品、自社オリジナル商品も含めた圧倒的な品揃えと品質の良さである。また、健康意識の高い芦屋夫人をターゲットにした有機、無農薬、栄養バランスの取れた低カロリーの総菜などの健康志向の商品の拡充、クリーニングなど生活周りの付帯サービスの提供も行っている。

　経験豊富で専門性の高い優秀な担当バイヤーが海外を飛び回り、質の高い直輸入商品の仕入れに奔走している。また、全国各地の農家や酪農家と連携し、土壌改善のレベルから、質の高い野菜、果物、乳製品の生産に取り組んでいる。また、鮮魚は漁の方法にまでこだわっている。

　洋食、和食、中華、麺、スイーツ、アイスクリーム、パンなどの加工品も自社工場を有し、日々高品質を追求している。グラタンやスープは好評を博しており、家庭での食卓が高級洋食レストランに早変わりする。レジで袋詰めをしてくれるのも好評で、雨の日は雨用のバッグが用意される。

③　個人資産について

浩二氏の個人財産リスト

（単位：百万円）

	相続税評価
居住用不動産（自宅）	
土地	73
家屋	67
自社株	1,982
金融資産	310
預貯金	210
個人向け国債（変動10年）	100
死亡退職金	
定期保険（100歳満了）	300

浩二氏は父親の死後、仕事一筋で必死にやってきたため、資産運用にはあまり関心がなく、メインバンクである地銀A行への預金が貯まって行くだけであった。預金以外で運用する気もなかったが、担当の田中氏から頼み込まれ、渋々、国債であればと購入した。今後、長期的に見て、金利が上がる見込みであるから、変動金利が良いと言う提案であった。

浩二氏は資産運用については保守的なスタンスを取っており、相続税の納税を確実にしたいと考えている。その一方で、超低金利の継続で資産運用について課題を抱えている点は認識しており、次世代はこのままで継続するのは難しいと考えている。アドバイザーには子供たち次世代の資産運用、メンターとしての役割も見据えたアドバイスも期待している。

資産分割を考えると、一次相続において、長男の浩太氏に自社株をすべて譲るが、浩太氏が相続税を納税するため、自宅以外の資産の大部分を浩太氏に譲らざるを得ない。そのため、自宅は一次相続において妻明子氏に譲るが、二次相続においては、長女の里美氏に相続させることを考えている。まだ、遺言書は書いていないが、地銀A行の担当田中氏から、遺言信託という方法があると聞いている。家族関係は良好であるため、"争続"になるとは考えていないが、方向性が固まった折には、遺言書を作成したいと考えている。

④ 株主構成

株主名	続　柄	株式数	持株比率
今中　浩二	本人	700	70%
今中　浩太	長男	300	30%
合　　計		1,000	100%

当社の株式保有状況については、浩二氏が依然70％を所有し、浩太氏が残りの30％を所有している。株価が安い時期にこつこつと浩二氏から浩太氏に生前贈与し、浩太氏の比率を30％まで高めてきた。ただし、浩太氏の年齢が若く、後継経営者として全く問題がないと判断できるまで、特別決議が可能な３分の２超を浩二氏が保有し続ける方針でこれまで来ている。

しかし、浩二氏も70歳であることから、後継者の浩太氏にいずれかのタイ

ミングで自社株を承継していかなければいけない点は重々理解している。

⑷　家族の状況

①　妻

　妻の明子氏はK学院大学文学部を卒業後、N生命の本社で、事務の仕事に就いたが、その2年後には浩二氏と結婚し、専業主婦として家庭に入り、内助の功で浩二氏をサポートすることになった。元々、キャリア・ウーマン志向はまったくない文学少女であり、夫と子供との温かい家庭を築くことが夢であった。

　2人の子供が社会人として独立した今、趣味である宝塚歌劇鑑賞のため、定期的に宝塚大劇場に足を運んでいる。明子氏にとって、『エリザベート』などの欧州文学的な作品の持つ世界は現実を忘れさせてくれる夢のような世界をもたらしてくれる。

②　長男

　浩二氏には2人の子供がおり、長男の浩太氏（40歳）はW大学創造理工学部の経営システム工学科を卒業後、大手監査法人系の経営コンサルティング会社に12年間務めた後、糖尿病を発症した浩二氏を支援し、将来事業承継者となるため、35歳で当社に入社した。

　当初、店舗開発や仕入で現場経験を積んだ後、2年前よりシステム部長と経営企画部長を兼任する取締役に就任している。

　妻の亜里沙氏とは大手監査法人系の経営コンサルティング会社で事務職をしていた時に出会い、職場結婚である。亜里沙氏は結婚後、専業主婦になり、浩太氏を支えている。

　浩太氏は相続において、後継者として自社株を相続し、相続税納税資金を確保するために資産の大半を相続するため、妹に対して申し訳ない気持ちを持っている。そのため、最終的に自宅を妹が相続することに対して異論はない。

③　長女

　長女の里美氏（36歳）はK女学院大学に中学、高校を経て内部進学した。

大学在学中、得意な英語に一層の磨きをかけたいと希望してサンケイスカラシップの留学試験に応募、見事合格し、サンフランシスコ郊外にある名門校UCバークレー校に1年間留学した。

　留学中、ナパバレーを何度も訪問し、大のワイン好きとなったのがきっかけで、卒業後は総合職として神戸百貨店に就職し、ワインを含む外国輸入食材のバイヤーとして活躍している。

　夫の吉村俊樹氏はK大学医学部を卒業しており、現在は消化器内科の勤務医である。夫の俊樹氏とは、被災地域の大学生による阪神・淡路大震災を追悼し、振り返るイベントで出会い、結婚し、一女をもうけ、オーシャンビューを臨む神戸の高級タワーマンションを賃借している。

　父親からは、自社株は長男の浩太氏に譲るが、母親が自宅などの資産を承継した後、自宅を含めて母親の資産はすべて相続できるようにするので、納得してくれと言われている。また父親からは相続税が高くなるため、自宅を購入せずに、借家暮らしをして欲しいとも言われており、その理由についてはよく理解していないが、自宅を承継するまでは借家暮らしが続きそうだ。

　夫婦それぞれが年収700万円以上を稼ぐ夫婦を"パワーカップル"と呼ぶらしいが、吉村夫婦は間違いなく、パワーカップルである。世の中には上には上がいて、欲を出せばきりがなく、超富裕層とは言えないが、現状の生活水準には満足している。

　里美氏は、昨年、同期では第一選抜で女性初の課長となり将来を嘱望されている。現在の仕事、ポジションに満足しており、将来的にはより責任のあるポジションにつき、大きな仕事をして行きたいと考えている。兄の浩太氏がスーパー今中に入社し、後継者としてのポジションを確立していることから、スーパー今中に入社することは、まったく考えていない。

(5)　**業界の状況**
①　**業界再編**

　人口減少に伴う市場規模の縮小、人件費の上昇によるアルバイト採用難、コストの上昇、コンビニエンスストア、ドラッグストアなどの異業種との競合などにより、食品スーパー業界を取り巻く環境は決して楽観視できない状

況にある。

　そのような環境下、生き残りのための業界再編も進んでいる。

業界再編

買収企業	被買収企業
大手コンビニエンスストアチェーンのナチュラル	輸入食料品を多く扱う松涛吉田
大手流通グループのエトワール・グループ	高価格帯のスーパーマーケットである山手フェニックス
大手商社の四菱商事、大手ディスカウントストアチェーンのラ・マンチャ	大手総合スーパーのラピス

② 成長企業

　業界全体では成長性に乏しい食品スーパー業界であるが、その中において、松涛吉田とサンキューストアは成長企業の成功例として挙げることができる。

　松濤吉田の特徴は、高価格帯ではあるが、高品質で安全性の高い輸入品やオリジナル商品の品揃えである。特に、世界中を飛び回っているバイヤーによる輸入品の品揃えは他社の追随を許さず、都心部を中心に展開している。

　開業当時の松涛吉田は他のスーパーマーケットのように路面店への出店を進めていたが、駅ビルへの新規出店を契機に、新たな店舗形態の展開に取り組んだ。その結果、現在では路面店、駅ビル、デパ地下、ショッピングセンターテナント、オフィスビル、コンビニ跡地といった多様かつ収益性の高い店舗形態の展開に成功。売り場面積10坪程度から200坪程度まで、多様な店舗形態での出店が可能になったことが、近年の松涛吉田の急成長の理由の1つになっている。

　サンキューストアは30期連続増収を続けている格安スーパーであり、地域最安値を掲げ、低価格の実現のための経営努力を続け、顧客を獲得している。リピート客の大半はサンキューカードの会員になっており、3％の割引を受けることができるのも好評である。元々は郊外店が中心であったが、近年では都心への出店も進め、一都三県に展開している。自家用車で来店し、まと

め買いする顧客が多く、週末には“サンキュー渋滞”が発生することもある。

　ひるがえって、スーパー今中を考えてみると、スーパー今中の方向性は明らかにサンキューストアのような格安スーパーではない。一方で、松涛吉田は関西にも進出し、共通点があることもあり、その動きは気になるところである。

　松濤吉田とサンキューストアの成功例から、低価格を求める顧客と、低価格でなくても、高品質、安全性の高い商品やこだわりの商品を適切な価格で求める顧客の二極化が起きていると言うことができる。

③　コンビニエンスストア、ドラッグストアとの競合

　コンビニエンスストアも主婦や高齢者の取り込みを企図して、生鮮食品や総菜に力を入れている。また、ドラッグストアも生鮮食品、総菜の強化に乗り出しており、その売上構成比が5割を超える企業もある。

　市場全体でのパイが増えない中での参入企業の増加により、さらなる競合の増加をもたらしている。コンビニエンスストアは女性の社会進出の加速や高齢者などの単身世帯の増加などにより、総菜を強化しており、単身者向け分量の総菜の提供や質の向上を図っている。

　ドラッグストア業界においては、フード＆ドラッグの業態が伸びており、薬粧商品で高い粗利を確保できているため、食品の低価格化を実現することができ、食品スーパー業界にとっては、厄介なライバルである。

④　ネット通販

　大手総合スーパー、コンビニエンスストア、ネット通販大手は生鮮品を含む食料品のネット通販に力を入れており、共働きで買い物の時間がない家庭、外出して重い物を運んだりするのが大変な高齢者などの顧客の利用が増えている。一定額以上の購入により、送料が無料になることが多く、送料負担もそれ程は感じられない。

　また、有機・無農薬野菜の通販を行う専業企業が売上を伸ばしており、安全性、高品質、利便性を重視する顧客から支持を受けており、値段は高くなるものの野菜は通販でしか買わないという顧客もいる。20分で主菜と副菜が

作れるレシピつき献立キットも忙しい家庭には好評である。デフレと言われて久しいが、安売りだけではなく、品質を重視して商品を購入する消費者がいることも事実である。

⑤　ITの活用

　食品スーパー業界においてもITの活用は喫緊の課題である。これまでも売上、仕入、在庫管理などにITを用いてきたが、レジの省力化、監視カメラの活用による顧客動線の分析、RPA（ロボティック・プロセス・オートメーション）による定型業務の自動化などが行われている。

　米国においては、ネット通販大手が高級食品スーパーを買収し、買収先がリアル店舗を抱えるという強みを活かして、積極展開を行うなど、垣根を超えた競合が激化しつつある。ネット通販大手は無人化店舗の実験を行うなど、犬の成長の1年が人間の7年分に相当することから、ドッグイヤーとはよく言ったもので、近年、そのスピードが加速しているようにも思える。

⑥　Lの二極化への対応

　全世界市場レベルで規模の経済性を追求しているグローバル企業（Gの企業）と対面ビジネスを中心としているローカル企業（Lの企業）の二極化は言われて久しい。しかし、これから問題になろうとしているのは、競争力の高いLの企業が競争力の低い域内の同業Lの企業を買収する形で進む業界再編であると予想されている。

　日本経済の成長率が全体として鈍化する中、人口減少が加速化していくことから、全体として地価は下落し、いくら土地を担保提供しても銀行はキャッシュフロー創出能力の低い企業には融資を提供することが困難となる。むしろ営業活動でみたキャッシュフローがマイナスで3期連続改善傾向がみえない場合、不良債権として貸付額の一部を償却し、経営陣に対して域内にある生産性の高い同業他社に売却を勧める（戦略的廃業の勧め）。これによって業界再編が今後加速化すると予想されている。

　こうしたLの二極化現象が進む中で、スーパーマーケット業界も例外と言ってはいられない。

⑦　組織・後継者

スーパー今中の取締役は以下の４人である。

代表取締役社長	今中　浩二	本人	70歳
取締役経営企画・システム部長	今中　浩太	長男	40歳
取締役営業本部長	森山　辰夫	非同族	52歳
取締役管理部長	溝口　茂	非同族	51歳

　浩二氏は代表取締役社長として、CEO（最高経営責任者）の役割を担っているが、後継者の浩太氏への事業承継を見据えて、浩太氏にCOO（最高執行責任者）としての役割を担わせている。また、浩太氏は、今後、さらに重要になることが想定されるIT活用の責任者も兼務している。

　浩二氏は浩太氏に代表取締役社長の座を譲った後も、代表権のない会長として、引き続き、スーパー今中の経営陣をサポートすることを考えている。

　取締役営業本部長の森山氏は入社後に店舗スタッフから店長を務めた叩き上げであり、スーパー今中において鍵になる役割を担っている。店舗運営部と商品部を統括し、店舗を飛び回ることが難しくなった浩二氏に代わり、日々、店舗を忙しく飛び回っている。

　取締役管理部長の溝口氏は地銀A行の元支店長であり、一時期、店舗拡大により、社内の管理体制が混乱したことを受け、A行役員にお願いして、人材を転籍の形で出してもらった。溝口氏はA行内で管理部門も経験し、総務、財務に精通しており、スーパー今中の社内管理体制の構築に大きな貢献をした。

⑧　M&A

　食品スーパー業界においても上述のような業界再編が行われている。スーパー今中も単独での成長に限界を感じているが、浩二氏も浩太氏もスーパー今中を売却する意思はなく、M&Aによる成長を実現するとした場合、買収側であると考えている。

　後継者難からのM&Aも活発であり、上場M&Aアドバイザー企業も業績、時価総額を伸ばしている。スーパー今中にも、M&Aアドバイザー企業や金

融機関から買収案件が持ち込まれているが、同業他社の買収による規模の経済の実現か、シナジーが見込める異業種の買収による範囲の経済の実現かを決めかねている。また、手元資金でのM&Aは困難であるため、資金調達も課題である。

一方で、買収後の企業文化の違いやオペレーションの統合が問題になる事例も耳にしていることから、単独で、シナジーが見込める新規事業に打って出ることも考えられる。その場合も資金調達が課題になる。

⑨　顧問税理士

現在の顧問税理士には、親の代から法人、個人の確定申告において、お世話になっており、特に不満があるわけではない。ただし、事業承継、相続の話になると、相続税の試算などの一般的なサービスは提供してもらえるものの、込み入った話は、専門外ということで、的確なアドバイスが得られない状況にある。

そこで、顧問税理士のつながりから、資産税に強い税理士法人池上コンサルティングの池上代表の紹介を受け、池上コンサルティングからも提案を受けることを考えている。

税理士法人池上コンサルティングの池上代表は新事業承継税制のセミナーで全国を飛び回っているため、なかなかアポイントが取れないが、翌月にはなんとか時間を作ってもらえそうである。

⑩　セレクション

経営企画部長の任にある浩太氏は、一族の事業の成長戦略を検討するに当たり、どのような経営戦略のオプションがあるのか、またそれぞれの選択肢の持つメリットとデメリットを総合的に判断したいと考えて、取引先金融機関（銀行と証券会社）と税理士法人池上コンサルティングを呼び、提案を出させることにした。

その際、ファミリービジネスである自社の特徴を考慮し、一族の事業戦略と一族の事業承継・財産承継戦略の双方を総合的に見据えた提案を出してもらうという条件を付すことにした。

参考数値等

(1) スーパー今中　財務数値

貸借対照表

(2018年3月期)

（単位：百万円）

資産の部		負債の部	
流動資産		流動負債	
現金及び預金	806	買掛金	943
売掛金	418	一年内返済の長期借入金	1,391
商品及び製品	491	未払金	574
前払費用	47	未払法人税等	96
未収入金	2	未払事業税等	14
仮払金	1	預り金	26
繰延税金資産	49	賞与引当金	70
その他	151	その他	153
貸倒引当金	-10	流動負債合計	3,267
流動資産合計	1,956	固定負債	
固定資産		長期借入金	2,089
有形固定資産		退職給付引当金	855
建物及び構築物	2,125	長期預り保証金	66
機械装置及び運搬具	20	その他	358
工具器具備品	79	固定負債合計	3,368
土地	5,489	負債合計	6,636
リース資産	273	純資産の部	
建設仮勘定	153	株主資本	
有形固定資産合計	8,140	資本金	50
無形固定資産	60	資本剰余金	48
投資その他の資産		利益準備金	24
投資有価証券	67	繰越利益剰余金	5,354
出資金	9	株主資本合計	5,476
長期貸付金	453	純資産合計	5,476
敷金及び保証金	841	負債純資産合計	12,112
繰延税金資産	266		
その他	76		
貸倒引当金	-8		
保険等積立金	252		
投資その他の資産合計	1,956		
固定資産合計	10,156		
資産合計	12,112		

損益計算書

（単位：百万円）

	2016年3月期	2017年3月期	2018年3月期
売上高	21,622	21,535	20,362
売上原価	14,362	14,297	13,631
売上総利益	7,260	7,238	6,731
販管費	6,548	6,610	6,312
（うち減価償却費）	(268)	(277)	(285)
営業利益	711	628	419
営業外収益			
受取利息	10	7	6
受取配当金	2	2	2
その他	36	37	28
営業外費用			
支払利息	59	45	26
その他	29	2	3
経常利益	671	627	426
特別利益	0	0	1
特別損失	56	396	128
税引前利益	615	231	299
法人税等	240	95	113
当期純利益	375	136	186

(2)　その他の情報

M&A手数料

レーマン方式によるM&A手数料

売買価額	報酬率
5億円以下の部分	5％
5億円超10億円以下の部分	4％
10億円超50億円以下の部分	3％
50億円超100億円以下の部分	2％
100億円超の部分	1％

※他社への株式売却想定価格：EV/EBITDA比率6～7倍で算定する。

(3) 非上場株式等についての贈与税・相続税の納税猶予・免除（事業承継税制）の概要

●事業承継税制は、後継者である受贈者・相続人等が、中小企業経営承継円滑化法の認定を受けている非上場会社の株式等を贈与又は相続等により取得した場合において、その非上場株式等に係る贈与税・相続税について、一定の要件のもと、その納税を猶予し、後継者の死亡等により、納税が猶予されている贈与税・相続税の納付が免除される制度である。

●2018年度税制改正では、この事業承継税制について、これまでの措置（以下、「一般措置」と言う）に加え、10年間の措置として、納税猶予の対象となる非上場株式等の制限（総株式数の最大3分の2まで）の撤廃や、納税猶予割合の引上げ（80%から100%）等がされた特例措置（以下「特例措置」と言う）（新事業税制）が創設された。

	特例措置	一般措置
事前の計画策定等	5年以内の特例承継計画の提出（2023年3月末）	不要
適用期限	10年以内の贈与・相続等（2018年〜2027年）	なし
対象株数	全株式	総株式数の最大2/3まで
納税猶予割合	100%	贈与：100%、相続：80%
承継パターン	複数の株主から最大3人の後継者	複数の株主から1人の後継者
雇用確保要件	弾力化	承継後5年間、平均8割の雇用維持が必要
事業の継続が困難な事由が生じた場合の免除	あり	なし
相続時精算課税の適用	60歳以上の者から20歳以上の者への贈与	60歳以上の者から20歳以上の推定相続人・孫への贈与

（出所）国税庁HP

［問題1］現状分析と課題整理

貴方は、a）A銀行の田中融資担当、b）B証券の谷口PB、c）PE（プライベート・エクイティ）ファンドC社の市川代表取締役、d）税理士法人池上コンサルティングの池上代表社員のいずれかの役を選択できます。

社長の浩二氏からはスーパー今中の法人情報、浩二氏の個人情報を、今回のコンサルティングを行うにあたり、開示してもいいという承認を得ました。

以上の記述を前提に、まずは、現状分析と課題の整理をしてください。

問題1 ▶解答例

＜マクロ分析＞

a）経済環境分析

■アベノミクスの今後

アベノミクスは①大胆な金融政策（マイナス金利を含む）、②機動的な財政政策、③民間投資を喚起する成長戦略の3つを基本方針としてスタートし、①金融政策（第一の矢）、②財政政策（第二の矢）の成果により、株価や不動産価額は急上昇した。しかし、③の成長戦略（第三の矢）の効果については、いまだ力強さを欠く状況であり、設備投資や消費性向をより活性化させるため「新たな需要の創出」と「革新的な生産性向上」が課題である。政府もロボットなどモノづくりの強みといった日本の強みに政策資源を集中投資するため、2018年6月に「未来投資戦略2018-「Society 5.0」「データ駆動型社会」への変革-」を閣議決定し、具体的なプロジェクトを推進する体制をとっている。

b）制度

■税制改正の方向性

総じて、法人課税は、国際競争力を鑑みて「課税緩和（低下）傾向」、個人課税は、経済的な実態を現状に合わせるために各種控除等を見直し課税

ベースを広げたり、富裕層に対しては海外への資産を移転する際に課税を実施する、最高税率を上げるなど、「課税強化（上昇）傾向」である。

ただ、消費を刺激するため資産移転を促す必要があり、親族内の資産移転（贈与）は特例的に税率を優遇（低く）している。

■法人税の動向

法人税の実効税率は、国際競争力向上の観点から、2018年からは約29.74%になっているが、政府が掲げた「未来投資戦略2017」にもあるように、「中小企業の投資関連・投資促進税制」を一段と拡充・強化し「投資面」を、かつ賃金を増加させた法人の税制優遇をさらに強化し「消費面」を同時に刺激する内容の改正が2017年度の税制改正で行われた。

■所得税の改正の動向

すでに2015年から所得税の最高税率が45%に引き上げられ、住民税と合わせると最高税率は55%になっている。出国税の創設や国外財産調書・財産債務調書の提出が厳格化され、富裕層、高額所得者への課税が強化されたが、さらに「働き方改革」により給与所得控除など「所得の種類に応じた控除」と「人的控除」の在り方を見直し、生活・経済環境の変化に対応させようとしている。

■相続税、贈与税改正の動向

2017年1月1日に「取引相場のない株式の評価方法」が改正され、「類似業種比準価額」については「利益」による株価変動の影響が緩和された。2015年から相続税の基礎控除額が40%縮減された影響で相続税の課税割合も2014年分の4.4%から2016年分には8.1%と1.8倍に増加しており相続税の大衆課税化が進んだ。

一方、20歳以上の子・孫が直系尊属から受けた贈与税については税負担が軽減され、相続時精算課税制度の対象に20歳以上の孫も加わり、贈与者の年齢も65歳から60歳に引き下げられたが、2016年分は贈与税の前年比申告人数は暦年贈与、相続時精算課税ともに減少しており、改正の影響も資産の移転という観点からは限定的となっている。

■消費税の動向

消費税については財政健全化のため、10%への引き上げが予定されている

（セミナー開催時点）。

ｃ）食品スーパー業界の分析

■業界全体の方向性、成長可能性について

　食品スーパー市場は、少子高齢化、人口減少により、縮小傾向にある。市場規模が縮小する中で、大手を中心に出店が行われており、オーバーストアの状況が進行している。

　また、コンビニエンスストア、ドラッグストアも食品を強化しており、業態を超えた競争が激化している。そのような環境下において、高齢者、単身世帯の増加、女性の就業率の増加が進んでおり、ニーズの変化に対応した品揃えや商品開発が求められている。

　アベノミクスによるデフレ脱却は依然として道半ばであり、低価格化を追求している企業が出店、売上を増やしているケースが見受けられる。その一方で、価格は安くないが、主に都心部において、輸入品やオリジナル商品の充実による品揃えが評価され、駅中や百貨店内に小型店舗を展開し、業績を拡大している企業も存在する。このことから、低価格を求める顧客と、低価格でなくても、高品質、安全性の高い商品やこだわりの商品を適切な価格で求める顧客の二極化が起きているとも言える。

　食品スーパー業界におけるネット通販は他の商品に比べて遅れていたが、大手をはじめ、各社、食品のネット通販に力を入れ始めている。また、有機野菜やミールキット（献立セット）を扱うネット通販専業企業が売上を伸ばしている。外出して買い物することが困難な高齢者や女性の社会進出に伴う共働きの増加などにより、食品のネット通販は拡大傾向にある。

　食品スーパー業界においても、人手不足は深刻化しており、セルフレジの導入による省力化なども進めているが、解決には至っておらず、人件費の上昇、収益力の低下を招いている。

＜ミクロ分析＞

a）経営の状況

■競争優位にあるプロダクトの有無

　スーパー今中の強みは、経験豊富な専門性の高い優秀なバイヤーによる輸入品と高品質のオリジナル商品による圧倒的な品揃えである。

　輸入品については、バイヤーが世界中を飛び回り、商品の品質だけでなく、生産体制のチェックまで行ったうえで、輸入を行っており、スーパー今中に行けば、バイヤーの目利きにかなった世界中の高品質な商品を手に入れることができる。

　オリジナル商品については、洋食、和食、中華、麺、スイーツ、アイスクリーム、パンなどの自社オリジナル商品の加工工場を有し、顧客ニーズの変化に迅速に対応し、高品質な商品を提供できる体制が整っている。また、自社オリジナル商品に対する顧客の信頼度は高く、自社ブランドとして確立している。

■今後の成長の可能性、その条件

　食品スーパー市場全体は人口減少などにより、縮小傾向にあるが、その中での成長可能性として、オーガニックグロース（内部資源による成長）とM&Aが考えられる。

　オーガニックグロースとしては、ミールキット（献立キット）、家事代行、グローサラントなどの本業とシナジーのある周辺事業を拡大することによる範囲の経済の実現が考えられる。

　ミールキットについては、食材、メニューにはこだわりながら、調理時間を短縮できることから、米国で急成長しており、日本でも拡大傾向にある。スーパー今中は高品質な食材、オリジナル商品を有しており、顧客層の購買力も一般よりも高いことから、素材やメニューにこだわったミールキットを提供することが考えられる。

　家事代行については、高齢化や女性の社会進出に伴う掃除、料理などの家事代行ニーズの増加に伴い成長が見込まれる。スーパー今中の顧客は所得水準が一般よりも高く、これまでも家事代行を利用している層が多いと考えられるが、食品の宅配と組み合わせたり、高品質の食材を用いた調理など、囲

い込み、差別化を図れる可能性があると考えられる。

　グローサラントは食品スーパーの中にレストランが併設された業態であり、食品スーパーで販売されている食材を用いた料理、レシピを提供し、料理を気に入った顧客がレシピを基に食材を購入し、自宅で料理を再現することができる。欧米での成長分野であり、日本でも導入が進みつつある。

　M&Aによる成長としては、シナジーがあり、規模の経済を実現することができる同業他社を買収することが考えられる。また、オーガニックグロースを実現するだけの内部資源が十分でなかったり、時間がかかる場合に、M&Aにより、ミールキット提供会社や家事代行会社を買収することが考えられる。

■競合の可能性

　スーパー今中は輸入商品や自社オリジナル商品などの高品質で安全性の高い商品の品揃えで勝負しているため、低価格スーパーなど他のスーパーと直接的に競合するわけではない。

　ただし、関東中心だった松濤吉田が関西にも出店してきており、輸入品やオリジナル商品などの高品質な品揃えの充実という点で、スーパー今中に似ている点もあるため、競合する可能性がある。松濤吉田は駅中やデパート内などの小型店舗での展開を進めており、立地の利便性は高く、スーパー今中で買う予定だった商品を駅やデパートを訪れた際に松濤吉田で購入されてしまう可能性がある。

　また、ネット通販のシェア拡大は時代の趨勢であり、食品についても、有機・無農薬野菜のネット通販を専業で行っている企業などに売上を奪われる可能性がある。

■従業員、組織の側面

　取締役4名のうち、同族2名、非同族2名であり、同族企業ではあるものの、適材適所で外部人材の活用も図っている。一方で、今後、人材確保は一層困難になることが想定されることから、RPA（ロボティック・プロセス・オートメーション）などのITの活用による省力化を進めることが重要になると考えられる。

■後継者の状況、または、それに代わる経営層の状況

　社長の浩二氏は70才であり、近いうちに後継者の浩太氏に社長の座を譲り、自身は会長として、引き続き、スーパー今中経営陣をサポートすることを考えている。後継者の浩太氏は取締役経営企画・システム部長を務めており、その他の取締役は後継者の浩太氏をサポートする役割を担うことになる。

b）ファミリーの状況

■家族内での問題

　妻の明子氏は、浩二氏に万が一の事態が発生した場合、相続税の支払いに困ることはないか、今中家の根幹をなすスーパー今中はどうなってしまうのか、自分のライフ・スタイルが維持できなくなるのではないかという漠とした不安を抱えている。

■後継者の状況

　長男の浩太氏が後継者として、取締役経営企画・システム部長の役職にある。長女の里美氏は百貨店に勤めており、現時点でスーパー今中に入社することは考えていない。

■ファミリーの目標

　ファミリーの根幹をなすスーパー今中の長期的な収益の確保、物的・人的事業承継を円滑に行うことが最重要の目標であると考えられる。

　その中で、後継者である長男の浩太氏に資産承継が集中するのは止むを得ないが、ファミリーが幸せな生活を維持できるように、妻の明子氏には相続発生後の生活資金、長女の里美氏には最終的（二次相続後）に自宅を相続させ、一定の公平性は保ちたいと考えている。

　資産運用については、相続税の円滑な納税を目標にした保守的な資産運用が望ましいが、次世代も見据えた資産運用体制の構築にも取り組みたいと考えている。

c）所有の状況

■ファミリーが保有する全資産の状況

　現時点において、ファミリーが保有する総資産は、相続税評価で約27億1,700万円であり、浩二氏に万が一の事態が発生した時には、スーパー今中契約の生命保険契約3億円を原資に、スーパー今中から死亡退職金が支給されることになっている。

　浩二氏に万が一の事態が発生した時に承継する金融資産（預貯金、国債、退職慰労金）は、6億1,000万円と見込まれる。

■自社株の移転についての課題

　同族内事業承継を想定する場合、円滑な経営を行うため、所有と経営を一致させることが重要であると考えられる。したがって、後継者に相続税が支払い可能な範囲でなるべく多くの自社株を移転させることが望ましいと考えられる。一方、後継者に自社株を集中して移転させる場合、承継資産が自社株に集中しているため、資産承継割合が法定相続割合にならず、不公平になり、"争続"になる可能性もある。また、遺言書の作成における相続割合の決定においては、遺留分を侵害していないかに留意する必要がある。

■相続税納税準備資金とその可能性、対策

　一次相続税が11億6,500万円発生すると見込まれるのに対して、相続税納税準備資金（預貯金、国債、退職慰労金）が6億1,000万円であるため、一次相続時点では全体として資金不足である。また、二次相続税が約3,000万円発生すると見込まれるのに対して、相続税納税準備資金（金融資産）が5,000万円であるため、二次相続時には全体として納税準備資金は確保されている。

　ただし、これはスーパー今中の自社株の評価が、28億3,200万円であることを前提としており、将来の企業価値の増大に伴い、自社株の評価が上がれば、どうなるかはわからない（P.58(2)～参照）。

■円滑な財産分割についての問題

妻への分割

　自宅は小規模宅地等の特例の適用を受けるため、一次相続では同居している妻が相続することが考えられる。

また、浩二氏の亡き後も、生活水準を維持できるように、流動性の高い資産を中心に相続させる配慮が必要である。

長男への分割

　一次相続においては、自社株を長男に相続させ、長男の相続税の支払いのため、資産の大半を長男に承継させる必要がある。そのため、公平性の観点から、二次相続においては、自宅を含め、資産を長女に相続させ、長男は資産を相続しない。

長女への分割

　自社株を長男に相続させ、長男の相続税の支払いのため、資産の大半を長男に承継させる必要があり、長女への分割は限定されてしまう。そのため、公平性の観点から、二次相続においては、自宅を含めたすべての資産を長女に相続させ、長男は資産を相続しない。

[問題2] ソリューション

　社長の浩二氏は、今中家の未来、スーパー今中について、以下の目標（a、b、c）を設定したとします。
　a）同族内事業承継
　b）IPO（新規株式公開）
　c）M&A（同業他社、周辺事業の買収）
　それぞれの目標設定に対し、その条件及び提案するソリューションを示してください。

問題2 ▶解答例

a）同族内事業承継

■条件

　ファミリー・ビジネスの継続：後継者の確保、相続税の納税が課題になるが、ファミリー・ガバナンスの構築も中長期的な観点から重要である。

　新たなドメイン（活動領域）の創造：人口減少の逆風の中でも、食品スーパー事業において、比較的安定した収益を確保しているが、長期的に収益を確保するためには、新たなドメインを創造する必要があると考えられる。新たなドメインの創造が内部リソースだけで実現できない場合、外部人材を含めたリソースの活用が必要であると考えられる。すなわち、従来にない特徴ある商品やサービス、空間を提供することにより、複合的な付加価値創造による独自のドメインの確立が最優先すべき課題である。

■ソリューション、提案

　ファミリー・ビジネスの継続：後継者は確保できているが、自社株評価額の上昇などによる相続税の納税に不確実性があるため、新事業承継税制を活用する。また、ファミリー・ガバナンス強化のため、ファミリー・ミッション・ステートメント、ファミリー会議などの仕組を導入する。

　新たなドメインの創造：現時点においては内部リソースでの新ドメインの創造は困難であると考えられるため、外部人材の活用、外部企業との提携も

模索する。

b）IPO（新規株式公開）

■条件

　コーポレートガバナンス（企業統括）の強化：外部株主も含む株主構成の多様化が社外役員（社外取締役、社外監査役）の登用とともに求められる。組織、手続などの内部統制の強化も必要になる。監査法人の会計監査が上場申請直前2事業年度に必要となる。

　内部統制の強化：組織、手続、書類などを整備する必要がある。

　安定した利益成長体制の確立：競合が厳しさを増す中、安定した利益成長体制の確立も課題である。

■ソリューション、提案

　コーポレートガバナンスの強化：社外取締役、社外監査役を登用し、コーポレートガバナンスの強化を図る。2021年3月期を直前期とするならば、2019年3月中に監査契約を締結することが必要である。できなければ、決算期変更を検討する。

　内部統制の強化：経理・総務担当の溝口取締役CFO（最高財務責任者）の下に内部統制・上場準備に精通した専任の担当者を採用する。IPOにより新たに優秀な人材を採用し、そのメンバーにより新たな成長戦略を模索する。

　安定した利益成長体制の確立：収益の柱である食品スーパー事業の他に、ミールキット事業、家事代行事業、グローサラント事業などを次の収益の柱となるように育成する。また、中期経営計画を策定するとともに、進捗管理を行うため月次の予実管理体制を確立する。

　資産管理会社の設立：株価が高くなる前に、浩二氏の持分の一部を新設する資産管理会社に移転する。IPOの売出・増資後に、資産管理会社の持分が1／3超（配当が全額非課税）になるようにすることが考えられる。

c）M&A（同業他社、周辺事業の買収）

■条件

　M&A：M&Aには、同業他社の買収による規模の経済の実現、周辺事業の買収による範囲の経済の実現が考えられる。同業他社の買収については、扱っている商品、店舗立地などが異なれば、カニバリゼーション（シェアを奪い合う共食い現象）なしに売上を増やすことができると考えられる。また、オペレーションの共通化によるコスト削減も見込むことができる。周辺事業の買収については、本業である食品スーパー事業とシナジーを有する周辺事業を買収することにより、売上の拡大、顧客満足度の向上による顧客の囲い込み強化につながると考えられる。

■ソリューション、提案

　同業他社の買収については、関西圏に店舗を有し、スーパー今中と同様の高品質、高価格帯の商品を提供していて、店舗所在があまり重複しない同業他社が考えられる。関西圏以外ではスーパー今中のブランドは浸透しておらず、マネジメントも大変になり、また、低価格スーパーなどの異なる戦略を取っている企業とは企業文化の統合が難しいと考えられる。買収後は、仕入、店舗、在庫などのオペレーションの共通化によるコスト削減を見込むことができる。同業他社の買収については、本業のスーパー食品事業とシナジーを有するミールキット、家事代行、グローサラントなどの事業を行っている企業が考えられ、実店舗、バイヤー、自社工場による自社商品を有する強みも活かした事業拡大、顧客満足度の向上による顧客の囲い込みの強化につながると考えられる。

　現状分析、目標設定に基づき、ストラクチャーの概要、提案する事業戦略、期待される効果を社長の浩二氏に提案する投資政策書を作成してください。

　作成するのは、次の(1)、(2)の２つです。

(1)　エグゼクティブサマリー（提案の要旨）

(2)　(1)を導くための検討過程、根拠等を示す資料

　なお貴方が選択した戦略実行後の浩二氏及び家族が保有する金融資産及び運用不動産について、

　A）アロケーション

　B）そのアロケーションに対応する個別銘柄

　を記述し、提案してください。

　　また、その運用ポートフォリオは、

　C）個人保有か資産管理会社保有か

　D）相続税納税資金の準備方法

　を提案してください。

ⓐ　同族内事業承継

問題３▶解答例　Executive Summary　ⓐ　同族内事業承継

(1)　提案の前提、事業の現状

●食品スーパー事業を成長させるためには、新規事業の拡大のための資金確保や優秀な従業員を獲得・確保・育成することが必要であるが、最近、食品スーパー業界の労働市場がひっ迫し、思うような人材を十分に採用できない。

●収益の柱である食品スーパー事業の他に、ミールキット、家事代行、グローサラントなどの事業を次の収益の柱となるように育成する必要がある。

48

●新事業承継税制を活用して、2023年3月末までに特例承継計画を提出するとともに、2027年末までに浩二社長は、社長・持株を浩太氏に譲り、代表権のない会長としてスーパー今中に留まり、経営陣をサポートする。

(2)　将来のシナリオと提案する事業戦略

●現状では、同族内事業承継を行うための相続税の納税が困難であるため、新事業承継税制を活用する。

●収益の柱である食品スーパー事業の他に、ミールキット、家事代行、グローサラントなどの事業を次の収益の柱となるように育成する必要がある。

(3)　提案するストラクチャー

●新事業承継税制を活用して、2023年3月末までに特例承継計画を提出するとともに、2027年末までに浩二社長は、社長・持株を浩太氏に譲り、代表権のない会長としてスーパー今中に留まり、経営陣をサポートする。

●具体的には、「非上場株式等についての贈与税の納税猶予及び免除」を活用し、浩二氏の持株700株を浩太氏に贈与する。

●今中家の資産の大部分を占めるスーパー今中株式が浩太氏に集中し、相続税の納税問題は解決するが、公平性の観点から、その他の資産は一次相続時には明子氏と里美氏、二次相続時には里美氏が相続する。

(4)　期待される効果

●納税準備資金の確保、資産承継の公平性の向上

●現状、相続が発生した場合、納税準備資金は足りず、一次・二次相続税負担が11億9,000万円と重くなる。

　➡一次相続：相続税11億6,000万円、納税準備資金6億1,000万円

　➡二次相続：相続税3,000万円、納税準備資金5,000万円

●新事業承継税制を活用した場合、一次相続税は大幅に減少し、納税準備資金は十分である。また、二次相続税も納税準備資金の範囲内である。

➡一次相続：相続税1億4,000万円、納税準備資金6億1,000万円

➡二次相続：相続税1億3,000万円、納税準備資金3億1,000万円

★一次・二次相続税は納税準備資金の範囲内であり、スーパー今中株式以外の資産は明子氏と里美氏が相続するため、明子氏は趣味も含めた現状の生活水準を維持することができ、また里美氏にとっての公平性も向上すると考えられる。

(5) 資産運用の提案

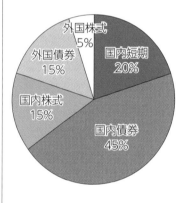

	アセットクラス	比率	商　品
1	国内短期	20%	預貯金
2	国内債券	45%	個人向け国債（変動10年）
3	国内株式	15%	日経225連動型上場投資信託
4	外国債券	15%	米国債（変動金利）
5	外国株式	5%	上場インデックスファンド米国株式（S&P500）
		100%	

(6) 運用戦略と運用方針

●現在の金融資産の資産配分は国内短期67.7％、国内債券32.3％。当該ポートフォリオの期待リターンは年率0.3％、リスク（標準偏差）は1.3％。金融資産は統計的に95％の確率で最大損失は1.8％以下と推定される。

●また、円資産投資比率が非常に高く、外貨への分散投資がなされておらず、ボラティリティが低すぎると考えられる。

●新事業承継税制活用後に一次相続、二次相続が発生すると仮定した場合、一次相続1億4,000万円＋二次相続1億3,000万円＝2億7,000万円の相続税が発生する。納税準備資金が一次相続時に6億1,000万円、二次相続時に3億1,000万円あり、納税準備資金に余裕があるが、70歳という年齢を考慮し、安定型の運用とする。

●金融資産を国内短期20％、国内債券45％、国内株式15％、外国債券15％、外国株式5％の配分にすると、期待リターンは年率2.5％、リスク（標準偏差）は4.4％になる。

問題3 ▶解答例　サマリーを導くための検討過程、根拠等を示す資料
ⓐ　同族内事業承継

1. 当政策書が実現しようとしているファイナンシャル・ゴール

■スーパー今中の今後の経営方針

　食品スーパー事業だけでは持続的な成長は困難であるため、ミールキット、家事代行、グローサラントなどの食品スーパー事業とシナジーを有する周辺事業を拡大する必要がある。

■スーパー今中の所有の方針

　浩二氏の持分を後継者である浩太氏に承継させたいが、相続税負担が重いため、相続税負担を軽減できる手法を検討する。

■ファミリーの目標

●浩二社長は、社長を浩太氏に譲り、会長としてスーパー今中に留まり、経営陣をサポートする。

●さらに、ファミリー・ガバナンスを強化するため、ファミリー・ミッション・ステートメント、ファミリー会議などの仕組みを導入する。

2. ファイナンシャル・ゴールを達成するにあたってのご希望及び不安点

■事業に係る側面

　事業を成長させるためには、ミールキット、家事代行、グローサラントなどの食品スーパー事業とシナジーを有する周辺事業を拡大する必要がある。また、優秀な従業員を獲得・確保・育成することが必要であるが、最近、食品

スーパー業界の労働市場がひっ迫し、思うような人材を十分に採用できない。

■ご家族に係る側面

　浩二氏に万が一の事態が発生した場合でも、明子氏が趣味も含めた現状の生活水準を維持することができ、浩太氏はスーパー今中の後継者、里美氏は神戸百貨店従業員として、キャリアを築き、経済的自立を果たす。

■財産分散の側面・自社株の所有の側面

●ファミリーの資産が自社株に集中しているため、自社株価値変化の影響を受けやすい。

●浩二氏が依然として自社株の70％を保有しているため、自社株承継が課題。

■相続税や納税準備の側面

　現状、相続が発生した場合、相続税負担が11億9,000万円と重く、納税準備資金が不足する。

■資産運用に係る側面

　現状のポートフォリオは円資産投資比率が非常に高く、外貨への分散投資がなされておらず、ボラティリティが低すぎると考えられる。

３．対策のご提案

■経営・事業戦略について

●人口減少、競合の増加などにより、食品スーパー事業のみでは持続的な成長シナリオを描くことは容易ではないと考えられる。

●収益の柱である食品スーパー事業の他に、ミールキット、家事代行、グローサラントなどの事業を次の収益の柱となるように育成する必要がある。

■スキームの提案

●新事業承継税制を活用して、2023年３月末までに特例承継計画を提出するとともに、2027年末までに浩二社長は、社長・持株を浩太氏に譲り、代表権のない会長としてスーパー今中に留まり、経営陣をサポートする。

●具体的には、「非上場株式等についての贈与税の納税猶予及び免除」を活用し、浩二氏の持株700株を浩太氏に贈与する。

●今中家の資産の大部分を占めるスーパー今中株式が浩太氏に集中し、相続税の納税問題は解決するが、公平性の観点から、その他の資産は一次相続時には明子氏と里美氏、二次相続時には里美氏が相続する。

■現状資産の管理・運用について

●新事業承継税制を活用した場合、相続税納税負担が大幅に減少するため、より多くの資金を資産運用に回せることになると考えられる。

●金融資産の運用については、現状の預貯金、国債のみの運用から、安定型の運用で、日本株式、外国債券、外国株式にもグローバル分散投資を行う。

■納税準備資金について

●現状、相続が発生した場合、納税準備資金は足りず、一次・二次相続税負担が11億9,000万円と重くなる。

➡一次相続：相続税11億6,000万円、納税準備資金6億1,000万円

➡二次相続：相続税3,000万円、納税準備資金5,000万円

●新事業承継税制を活用した場合、一次相続税は大幅に減少し、納税準備資金は十分である。また、二次相続税も納税準備資金の範囲内である。

➡一次相続：相続税1億4,000万円、納税準備資金6億1,000万円

➡二次相続：相続税1億3,000万円、納税準備資金3億1,000万円

●一次・二次相続税は納税準備資金の範囲内であり、スーパー今中株式以外の資産は明子氏と里美氏が相続するため、明子氏は趣味も含めた現状の生活水準を維持することができ、また里美氏にとっての公平性も向上すると考えられる。

今中家のスリーサークル

今中家の「所有」「ファミリー」「事業経営」の課題は、以下のとおりと考えられる。

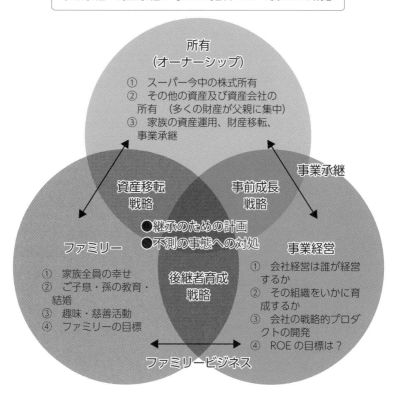

ファミリービジネス
事業承継・財産承継を考える時欧米でよく使われる概念

所有
（オーナーシップ）

①　スーパー今中の株式所有
②　その他の資産及び資産会社の
　　所有　（多くの財産が父親に集中）
③　家族の資産運用、財産移転、
　　事業承継

資産移転
戦略

事前成長
戦略

事業承継

●継承のための計画
●不測の事態への対処

ファミリー

①　家族全員の幸せ
②　ご子息・孫の教育・
　　結婚
③　趣味・慈善活動
④　ファミリーの目標

後継者育成
戦略

事業経営

①　会社経営は誰が経営
　　するか
②　その組織をいかに育
　　成するか
③　会社の戦略的プロダ
　　クトの開発
④　ROE の目標は？

ファミリービジネス

4．最適資産配分のご提案

■現在の資産配分

【現在】

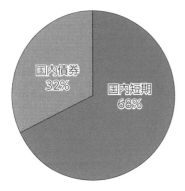

【モデル・ポートフォリオ】

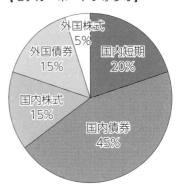

■現在の資産配分について

●現在の金融資産の資産配分は国内短期67.7%、国内債券32.3%。当該ポートフォリオの期待リターンは年率0.3%、リスク（標準偏差）は1.3%。金融資産は統計的に95%の確率で最大損失は1.8%以下と推定される。

●また、円資産投資比率が非常に高く、外貨への分散投資がなされておらず、ボラティリティが低すぎると考えられる。

■最適資産配分について

●新事業承継税制活用後に一次相続、二次相続が発生すると仮定した場合、一次相続1億4,000万円＋二次相続1億3,000万円＝2億7,000万円の相続税が発生する。納税準備資金が一次相続時に6億1,000万円、二次相続時に3億1,000万円あり、納税準備資金に余裕があるが、70歳という年齢を考慮し、安定型の運用とする。

●資金の使用目的により、運用方法や資産配分を変えることは、必ずしも効率的でない。しかし、行動ファイナンス的には、相続税の支払いに必要となる資金は、国内短期、債券など元本確保型のアセット・クラスの比重が高い、保守型や安定型のポートフォリオでの運用で資産を保全するのが安心という顧客も多い。顧客の心理を鑑み、ウエルス・マネジャーは、相続税の納税に必要な資金は保守型、安定型とし、残りをやや積極的なポート

フォリオとすることも可能である。

●金融資産を国内短期20％、国内債券45％、国内株式15％、外国債券15％、外国株式5％の配分にすると、期待リターンは年率2.5％、リスク（標準偏差）は4.4％になる。

■提案資産配分でのリスク・リターン特性

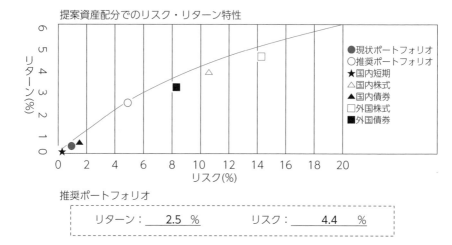

推奨ポートフォリオ

リターン：	2.5 ％	リスク：	4.4 ％

■リバランス方針

●ポートフォリオは少なくとも1年に1回、また株価下落や急騰などの相場急変により、各アセット・クラスで設定したリバランスの乖離許容幅を超えた場合は適時リバランスを実行。保有ポートフォリオのリスク特性を保ち、保守的なリスク許容度に合致するアセット・アロケーションを維持する。

5. 資産配分案を実現するための商品のご提案

流動性を確保する観点から、純資産額の多い投資信託などに投資を行う。

国内短期	預貯金
国内債券	個人向け国債（変動10年）
国内株式	日経225連動型上場投資信託
外国債券	米国債（変動金利）
外国株式	上場インデックスファンド米国株式（S&P500）

6. 参考資料

(1) 今中ファミリー　相続税

一次相続税（現状）

(単位：千円)

		合計	明子	浩太	里美
居住用不動産	自宅土地	73,000	73,000	0	0
	自宅家屋	67,000	67,000	0	0
自社株	スーパー今中	1,982,260	0	1,982,260	0
金融資産①	預貯金	210,000	0	210,000	0
	日本国債	100,000	50,000	0	50,000
死亡退職金②		300,000	0	300,000	0
死亡退職金の非課税限度額		−15,000	0	−15,000	0
課税価格		2,717,260	190,000	2,477,260	50,000
基礎控除額		−48,000			
課税遺産総額		2,669,260			
法定相続割合		100%	50%	25%	25%
法定相続金額		2,669,260	1,334,630	667,315	667,315
相続税の総額		1,252,093	662,047	295,023	295,023
按分割合		100%	7%	91%	2%
各人の相続税額		1,252,093	87,551	1,141,503	23,040
配偶者の税額軽減額			−87,551		
相続税額A		1,164,542	0	1,141,503	23,040
相続税納税準備資金（①〜②）B		610,000	50,000	510,000	50,000
相続税支払余力（B−A）		−554,542	50,000	−631,503	26,960

二次相続税（現状）

(単位：千円)

		合計	浩太	里美
居住用不動産	自宅土地	73,000	0	73,000
	自宅家屋	67,000	0	67,000
日本国債①		50,000	0	50,000
課税価格		190,000	0	190,000
基礎控除額		−42,000		
課税遺産総額		148,000		
法定相続割合		100%	50%	50%
法定相続金額		148,000	74,000	74,000
相続税の総額		30,400	15,200	15,200
按分割合		100%	0%	100%
各人の相続税額		30,400	0	30,400
相続税額A		30,400	0	30,400
相続税納税準備資金（①）B		50,000	0	50,000
相続税支払余力（B−A）		19,600	0	19,600

⑵ スーパー今中　自社株評価

スーパー今中株式の相続税評価額（規模は大会社）

A．類似業種比準方式

類似業種比準方式の算定式

$$A \times \left(\frac{\overset{\text{(配当)}}{b}}{B} + \frac{\overset{\text{(利益)}}{c}}{C} + \frac{\overset{\text{(簿価純資産)}}{d}}{D} \right) \times 大会社0.7$$

A：上場企業の業種別平均株価

b、c、d：評価会社の1株あたりの金額

B、C、D：上場企業の業種別1株あたり金額

1. 1株あたりの資本金等の額等の計算

① 直前期末の資本金等の額（円）	② 直前期末の発行済株式数（株）	③ 直前期末の自己株式数（株）	④ 1株あたりの資本金の額（円）（①÷（②−③））（円）	⑤ 1株あたりの資本金等の額 を50円とした場合の発行済み株式数（株）
50,000,000	1,000	0	50,000	1,000,000

2. 類似業種比準価額の計算

類似業種	飲食料品小売業	
類似業種の株価	月	株価（円）
ア. 課税時期の属する月	6月	335
イ. 課税時期の属する月の前月	5月	337
ウ. 課税時期の属する月の前々月	4月	327
エ. 前年平均株価		304
オ. 課税時期の属する月以前2年間の平均株価		301
A（ア〜オのうち　最も低いもの）		301

Ⓐ　1株あたりの比準価額（円）　　　2,831,800

飲食料品小売業82

比準割合の計算						
区分	1株（50円）あたりの年配当金額（円）		1株（50円）あたりの年利益金額（円）		1株（50円）あたりの純資産価額	
評価会社*	b	22.6	c	265	d	5,476
類似業種	B	3.7	C	29	D	218
要素別比準割合	b/B	6.10	c/C	9.13	d/D	25.11
H.比準割合	b/B+c/C+d/D =13.44					
1株（50円）あたりの比準価額	A ×H×0.7=2,831.8					

＊50円あたりの株数（実際の株数と異なる場合もある）で算定することに注意

B. 純資産価額方式

純資産価額方式の算定式

1株あたりの純資産価額＝（相続税評価額により計算した総資産価額－相続税評価額により計算した負債の額－評価差額に対する法人税額等相当額*）÷課税時期における発行済株式数

＊評価差額に対する法人税額相当額＝（相続税評価額による純資産価額－帳簿価額による純資産価額）×37％

（単位：千円*）

	資産の部	負債の部
相続税評価額	12,112,000	6,636,000
帳簿価額	12,112,000	6,636,000

＊千円未満切り捨て

Ⓑ　1株あたりの純資産価額（円）　5,476,000

Ⓒ　1株当たりの価額（円）　2,831,800　（ⒶとBⒷの低い方）

Ⓓ　株式の評価額（円）　2,831,800,000　（Ⓒ×株数）

スーパー今中株式の法人税法上の時価

A. 類似業種比準方式

類似業種比準方式の算定式

$$A \times \left(\frac{\overset{（配当）}{\dfrac{b}{B}} + \overset{（利益）}{\dfrac{c}{C}} + \overset{（簿価純資産）}{\dfrac{d}{D}}}{3} \right) \times 小会社0.5$$

A：上場企業の業種別平均株価

b、c、d：評価会社の1株あたりの金額

B、C、D：上場企業の業種別1株あたり金額

1．1株あたりの資本金等の額等の計算

① 直前期末の資本金等の額（円）	② 直前期末の発行済株式数（株）	③ 直前期末の自己株式数（株）	④ 1株あたりの資本金の額（円）（①÷（②－③））（円）	⑤ 1株あたりの資本金等の額を50円とした場合の発行済み株式数（株）
50,000,000	1,000	0	50,000	1,000,000

2．類似業種比準価額の計算

類似業種	飲食料品小売業	
類似業種の株価	月	株価（円）
ア．課税時期の属する月	6月	335
イ．課税時期の属する月の前月	5月	337
ウ．課税時期の属する月の前々月	4月	327
エ．前年平均株価		304
オ．課税時期の属する月以前2年間の平均株価		301
A（ア～オのうち　最も低いもの）		301

Ⓐ　1株あたりの比準価額（円）　　2,022,700

飲食料品小売業82

比準割合の計算						
区分	1株（50円）あたりの年配当金額（円）		1株（50円）あたりの年利益金額（円）		1株（50円）あたりの純資産価額	
評価会社*	b	22.6	c	265	d	5,476
類似業種	B	3.7	C	29	D	218
要素別比準割合	b/B	6.10	c/C	9.13	d/D	25.11
H.比準割合	b/B＋c/C＋d/D ＝13.44					
1株（50円）あたりの比準価額	A ×H×0.5＝2,022.7					

＊50円あたりの株数（実際の株数と異なる場合もある）で算定することに注意

B. 純資産価額方式

純資産価額方式の算定式

　　1株あたりの純資産価額＝（相続税評価額により計算した総資産価額－

　　　　　　　　　　　　　　相続税評価額により計算した負債の額）÷課

　　　　　　　　　　　　　　税時期における発行済株式数

（単位：千円*）

	資産の部	負債の部
相続税評価額	12,112,000	6,636,000
帳簿価額	12,112,000	6,636,000

＊千円未満切り捨て

Ⓑ　1株あたりの純資産価額（円）　　5,476,000

Ⓒ　1株当たりの価額（円）　　　　　3,749,350　（ⒶとBⒷの低い方）

Ⓓ　株式の評価額（円）　　3,749,350,000　（Ⓒ×株数）

(b) IPO（新規株式公開）

問題3 ▶解答例　Executive Summary　(b)　IPO（新規株式公開）

(1) 提案の前提、事業の現状

●スーパー今中を持続的に成長させるためには、既存事業や新規事業の拡大のための資金確保や優秀な従業員を獲得・確保・育成することが必要であるが、成長資金の確保は課題であり、また、最近、食品スーパー業界の労働市場がひっ迫し、思うような人材を十分に採用できない。

●成長の機会を逃さないために、早期にジャスダック（スタンダード市場）上場を実現し、成長資金の確保とともに、認知度を上げて、優秀な人材を確保する。

●収益の柱である食品スーパー事業の他に、ミールキット、家事代行、グローサラントなどの事業を次の収益の柱となるように育成する必要がある。

●浩二氏は、IPOの前に、社長を浩太氏に譲り、会長としてスーパー今中に留まり、経営陣をサポートする。

(2)　将来のシナリオと提案する事業戦略

●スーパー今中が未上場のままでは、ブランド力、資金調達力の観点から成長シナリオを描くことが容易ではないため、IPOを行う。

●収益の柱である食品スーパー事業の他に、ミールキット、家事代行、グローサラントなどの事業を次の収益の柱となるように育成する必要がある。

(3)　提案するストラクチャー

●上場準備期間中に、浩二氏の持株のうち400株、浩太氏の持株のうち200株を現物出資し、資産管理会社に移転する。また、浩二氏の持株のうち200株を公益財団法人設立のために拠出する。

●単元株式数100株で、最低投資金額を50万円以内にするため、1：1,000の株式分割を行う。

●IPOを行い、公募で3.6億円（募集株式数100,000株　発行価格3,600円（IPOディスカウント率20％）、引受価格3,300円）を調達する。調達資金は、業容拡大のための投資及び運転資金とする。

以下の株主は、現在保有株の一部を売出価格3,600円、引受価格3,300円で売却する。

➡浩二氏70,000株、浩太氏70,000株

●浩二氏、浩太氏には、それぞれ税引後で約1.8億円の現金が入るが、上場前に持株を資産管理会社に現物出資した際の譲渡税の支払いの際に行った金融機関からの借入の返済に充てる。

(4)　期待される効果

●納税準備資金の確保

●現状、相続が発生した場合、納税準備資金は足りず、一次・二次相続税負担が11億9,000万円と重くなる。

➡一次相続：相続税11億6,000万円、納税準備資金6億1,000万円

➡二次相続：相続税3,000万円、納税準備資金5,000万円

●スーパー今中株式を提案したスキームで上場した場合、一次相続税は減少するが、納税準備資金も減少するため、納税準備資金の不足分は一次相続税申告までに公益財団法人に追加拠出する。

➡一次相続：相続税10億2,000万円、納税準備資金4億9,000万円（スーパー今中株式を除く）

➡二次相続：相続税3,000万円、納税準備資金5,000万円（スーパー今中株式を除く）

★一次相続税に対する納税準備資金は十分ではないが、不足分は公益財団法人に追加拠出することで対応することが考えられる。配当性向を30％程度とした場合、資産管理会社への非課税配当が年間5,000万円程度あるため、明子氏が資産管理会社の役員報酬などにより、趣味も含めた現状の生活水準を維持することができると考えられる。

(5) 資産運用の提案

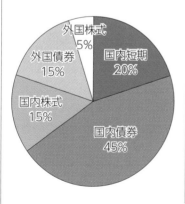

	アセットクラス	比率	商　品
1	国内短期	20%	預貯金
2	国内債券	45%	個人向け国債（変動10年）
3	国内株式	15%	日経225連動型上場投資信託
4	外国債券	15%	米国債（変動金利）
5	外国株式	5%	上場インデックスファンド米国株式（S&P500）
		100%	

(6)　運用戦略と運用方針

- 現在の金融資産の資産配分は国内短期67.7％、国内債券32.3％。当該ポートフォリオの期待リターンは年率0.3％、リスク（標準偏差）は1.3％。金融資産は統計的に95％の確率で最大損失は1.8％以下と推定される。

- また、円資産投資比率が非常に高く、外貨への分散投資がなされておらず、ボラティリティーが低すぎると考えられる。

- IPO後に一次相続、二次相続が発生すると仮定した場合、一次相続10億2,000万円＋二次相続3,000万円＝10億5,000万円の相続税が発生するが、納税準備資金が一次相続時に4億9,000万円、二次相続時に5,000万円あり、納税準備資金に余裕がないため、安定型の運用とする。

- 金融資産を国内短期20％、国内債券45％、国内株式15％、外国債券15％、外国株式5％の配分にすると、期待リターンは年率2.5％、リスク（標準偏差）は4.4％になる。

問題3▶解答例　サマリーを導くための検討過程、根拠等を示す資料
　　　　　　　　(b)　IPO（新規株式公開）

1.　当政策書が実現しようとしているファイナンシャル・ゴール

■スーパー今中の今後の経営方針

　成長の機会を逃さないために、早期にジャスダック（スタンダード市場）上場を実現し、調達資金で新規事業を展開するとともに、認知度を上げて、優秀な人材を確保する。

■スーパー今中の所有の方針

　株価が高くなる前に、浩二氏の持分の一部を新設する資産管理会社に移転する。IPOの売出・増資後に、資産管理会社の持分が1／3超（配当が全額非課税）になるようにする。

■ファミリーの目標

- 浩二氏は、IPO前に社長を浩太氏に譲り、会長としてスーパー今中に留まり、経営陣をサポートする。

●さらに、ファミリー・ガバナンスを強化するため、ファミリー・ミッション・ステートメント、ファミリー会議などの仕組みを導入する。

２．ファイナンシャル・ゴールを達成するにあたってのご希望及び不安点

■事業に係る側面

　事業を成長させるためには、新規事業の展開などのための資金が必要であるが、借入のみでは限度がある。また、優秀な従業員を獲得・確保・育成することが必要であるが、最近、食品スーパー業界の労働市場がひっ迫し、思うような人材を十分に採用できない。

■ご家族に係る側面

　浩二氏に万が一の事態が発生した場合でも、明子氏が趣味も含めた現状の生活水準を維持することができ、浩太氏はスーパー今中の後継者、里美氏は神戸百貨店従業員として、キャリアを築き、経済的自立を果たす。

■財産分散の側面・自社株の所有の側面

●ファミリーの資産が自社株に集中しているため、自社株価値変化の影響を受けやすい。

●浩二氏が依然として自社株の70％を保有しているため、自社株承継が課題。

■相続税や納税準備の側面

　現状、相続が発生した場合、相続税負担が11億9,000万円と重く、納税準備資金が不足する。

■資産運用に係る側面

　現状のポートフォリオは円資産投資比率が非常に高く、外貨への分散投資がなされておらず、ボラティリティが低すぎると考えられる。

３．対策のご提案

■経営・事業戦略について

●スーパー今中が未上場のままでは、ブランド力、資金調達力の観点から成長シナリオを描くことが容易ではないため、IPOを行う。

●収益の柱である食品スーパー事業の他に、ミールキット、家事代行、グ

ローサラントなどの事業を次の収益の柱となるように育成する必要がある。

■スキームの提案

● 上場準備期間中に、浩二氏の持株のうち400株、浩太氏の持株のうち200株を現物出資し、資産管理会社に移転する。また、浩二氏の持株のうち200株を公益財団法人設立のために拠出する。

● 単元株式数100株で、最低投資金額を50万円以内にするため、1：1,000の株式分割を行う。

● IPOを行い、公募で3.6億円（募集株式数100,000株　発行価格3,600円（IPOディスカウント率20％）、引受価格3,300円）を調達する。調達資金は、業容拡大のための投資及び運転資金とする。

● 以下の株主は、現在保有株の一部を売出価格3,600円、引受価格3,300円で売却する。

　　➡浩二氏70,000株、浩太氏70,000株

● 浩二氏、浩太氏には、それぞれ税引後で約1.8億円の現金が入るが、上場前に持株を資産管理会社に現物出資した際の譲渡税の支払いの際に行った金融機関からの借入の返済に充てる。

■現状資産の管理・運用について

● 提案したスキームでIPOが実現すると、浩二氏が保有するスーパー今中株式30,000株は1.4億円で評価されることになる。また、資産管理会社が保有するスーパー今中株式400,000株（浩二氏持分）も18億円で評価されることになり、相続税評価額は大幅にアップする。しかし、資産管理会社の純資産価額評価においては、スーパー今中株式の含み益の37%に相当する部分約1.1億円が控除されるので、浩二氏が直接保有する場合に比べて評価の面では有利となる。また、金融資産の運用については、現状の預貯金、国債のみの運用から、安定型の運用で、日本株式、外国債券、外国株式にもグローバル分散投資を行う。

■納税準備資金について

● 現状、相続が発生した場合、納税準備資金は足りず、一次・二次相続税負担が11億9,000万円と重くなる。

➡一次相続：相続税11億6,000万円、納税準備資金6億1,000万円

　　➡二次相続：相続税3,000万円、納税準備資金5,000万円

●スーパー今中株式を提案したスキームで上場した場合、一次相続税は減少するが、納税準備資金も減少するため、納税準備資金の不足分は一次相続税申告までに公益財団法人に追加拠出する。

　　➡一次相続：相続税10億2,000万円、納税準備資金4億9,000万円（スーパー今中株式を除く）

　　➡二次相続：相続税3,000万円、納税準備資金5,000万円（スーパー今中株式を除く）

●一次相続税に対する納税準備資金は十分ではないが、不足分は公益財団法人に追加拠出することで対応することが考えられる。配当性向を30％程度とした場合、資産管理会社への非課税配当が年間5,000万円程度あるため、明子氏が資産管理会社の役員報酬などにより、趣味も含めた現状の生活水準を維持することができると考えられる。

今中家のスリーサークル

（P.54参照）

4．最適資産配分のご提案

（以下を除き、P.55 ～P.56参照）

■最適資産配分について

●IPO後に一次相続、二次相続が発生すると仮定した場合、一次相続10億2,000万円＋二次相続3,000万円＝10億5,000万円の相続税が発生するが、納税準備資金が一次相続時に4億9,000万円、二次相続時に5,000万円あり、納税準備資金に余裕がないため、安定型の運用とする。

5．資産配分案を実現するための商品のご提案

（P.56参照）

6．参考資料

（P.57～P.62参照）

(c)　M&A（同業他社、周辺事業の買収）

問題3 ▶ 解答例　Executive Summary
(c)　M&A（同業他社、周辺事業の買収）

(1)　提案の前提、事業の現状

● スーパー今中を持続的に成長させるためには、既存事業や新規事業の拡大のための資金確保や優秀な従業員を獲得・確保・育成することが必要であるが、資金確保は課題であり、また、最近、食品スーパー業界の労働市場がひっ迫し、思うような人材を十分に採用できない。

● 収益の柱である食品スーパー事業の他に、ミールキット、家事代行、グローサラントなどの事業を次の収益の柱となるように育成する必要がある。

● 内部リソースだけでは、持続可能な成長は困難と考えられるため、M&Aによる成長を追求する。また、新事業承継税制を活用して、2023年3月末までに特例承継計画を提出するとともに、2027年末までに浩二氏は、社長・持株を浩太氏に譲り、代表権のない会長としてスーパー今中に留まり、経営陣をサポートする。

(2)　将来のシナリオと提案する事業戦略

● 同業他社の買収による規模の経済の実現、周辺事業の買収による範囲の経済の実現を図る。

● 周辺事業は、収益の柱である食品スーパー事業とシナジーを有するミールキット、家事代行、グローサラントなどの事業を次の収益の柱となるように育成することが考えられる。

● 買収資金の調達として、PE（プライベート・エクイティ）ファンドによる出資が考えられるが、資本金を現状の5千万円より増やすと、新事業承継税制が使えなくなるため、浩二氏の持分の一部売却、浩二氏から借入を検討する。

● 現状では、同族内事業承継を行うための相続税の納税が困難であるため、新事業承継税制を活用する。

(3) 提案するストラクチャー

●M&A資金として、PE（プライベート・エクイティ）ファンドの出資を受ける場合、資本金を現状の５千万円より増やすと、新事業承継税制が使えなくなるため、浩二氏の持分を一部売却（700株のうち200株、株価300万円／株）し、浩二氏から借入を行う（５億円）。

●新事業承継税制を活用して、2023年３月末までに特例承継計画を提出するとともに、2027年末までに浩二氏は、社長・持株を浩太氏に譲り、代表権のない会長としてスーパー今中に留まり、経営陣をサポートする。具体的には、「非上場株式等についての贈与税の納税猶予及び免除」を活用し、浩二氏の持株500株を浩太氏に贈与する。

●今中家の資産の大部分を占めるスーパー今中株式が浩太氏に集中し、相続税の納税問題は解決するが、公平性の観点から、その他の資産は一次相続時には明子氏と里美氏、二次相続時には里美氏が相続する。

(4) 期待される効果

●納税準備資金の確保、資産承継の公平性の向上

●現状、相続が発生した場合、納税準備資金は足りず、一次・二次相続税負担が11億9,000万円と重くなる。

　➡一次相続：相続税11億6,000万円、納税準備資金６億1,000万円（浩二氏のスーパー今中への貸付金は全額返済される前提）

　➡二次相続：相続税3,000万円、納税準備資金5,000万円

●新事業承継税制を活用した場合、一次相続税は大幅に減少し、納税準備資金は十分である。また、二次相続税も納税準備資金の範囲内である。

　➡一次相続：相続税２億5,000万円、納税準備資金10億9,000万円　（浩二氏のスーパー今中への貸付金は全額返済される前提）

　➡二次相続：相続税２億4,000万円、納税準備資金５億5,000万円

　　★一次・二次相続税は納税準備資金の範囲内であり、スーパー今中株式以外の資産は明子氏と里美氏が相続するため、明子氏は趣味も含めた現状の生活水準を維持することができ、また里美氏にとっての公平性も向上すると考えられる。

(5)　資産運用の提案

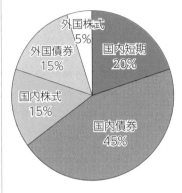

	アセットクラス	比率	商　品
1	国内短期	20%	預貯金
2	国内債券	45%	個人向け国債（変動10年）
3	国内株式	15%	日経225連動型上場投資信託
4	外国債券	15%	米国債（変動金利）
5	外国株式	5%	上場インデックスファンド米国株式（S&P500）
		100%	

(6)　運用戦略と運用方針

●現在の金融資産の資産配分は国内短期67.7％、国内債券32.3％。当該ポートフォリオの期待リターンは年率0.3％、リスク（標準偏差）は1.3％。金融資産は統計的に95％の確率で最大損失は1.8％以下と推定される。

●また、円資産投資比率が非常に高く、外貨への分散投資がなされておらず、ボラティリティが低すぎると考えられる。

●M&A、新事業承継税制活用後に一次相続、二次相続が発生すると仮定した場合、一次相続2億5,000万円＋二次相続2億4,000万円＝4億9,000万円の相続税が発生する。納税準備資金が一次相続時に10億9,000万円、二次相続時に5億5,000万円あり、納税準備資金に余裕があるが、70歳という年齢を考慮し、安定型の運用とする。

　●金融資産を国内短期20％、国内債券45％、国内株式15％、外国債券15％、外国株式5％の配分にすると、期待リターンは年率2.5％、リスク（標準偏差）は4.4％になる。

問題3▶解答例　サマリーを導くための検討過程、根拠等を示す資料
ⓒ　M&A（同業他社、周辺事業の買収）

1．当政策書が実現しようとしているファイナンシャル・ゴール

■スーパー今中の今後の経営方針

　スーパー今中を持続的に成長させるためには、既存事業や新規事業の拡大のための資金確保や優秀な従業員を獲得・確保・育成することが必要であるが、内部リソースだけでは困難であるため、M&Aを活用する。

■スーパー今中の所有の方針

　浩二氏の持分を後継者である浩太氏に承継させたいが、相続税負担が重いため、相続税負担を軽減できる手法を検討する。

■ファミリーの目標

●浩二氏は、社長を浩太氏に譲り、会長としてスーパー今中に留まり、経営陣をサポートする。

●さらに、ファミリー・ガバナンスを強化するため、ファミリー・ミッション・ステートメント、ファミリー会議などの仕組みを導入する。

2．ファイナンシャル・ゴールを達成するにあたってのご希望及び不安点

■事業に係る側面

　事業を成長させるためには、既存の食品スーパー事業やミールキット、家事代行、グローサラントなどの食品スーパー事業とシナジーを有する周辺事業を拡大する必要がある。また、優秀な従業員を獲得・確保・育成することが必要であるが、最近、食品スーパー業界の労働市場がひっ迫し、思うような人材を十分に採用できず、事業拡大のための資金・人材面での制約が顕在化している。

■ご家族に係る側面

　浩二氏に万が一の事態が発生した場合でも、明子氏が趣味も含めた現状の生活水準を維持することができ、浩太氏はスーパー今中の後継者、里美氏は神戸百貨店従業員として、キャリアを築き、経済的自立を果たす。

72

■財産分散の側面・自社株の所有の側面

●ファミリーの資産が自社株に集中しているため、自社株価値変化の影響を受けやすい。

●浩二氏が依然として自社株の70％を保有しているため、自社株承継が課題。

■相続税や納税準備の側面

　現状、相続が発生した場合、相続税負担が11億9,000万円と重く、納税準備資金が不足する。

■資産運用に係る側面

　現状のポートフォリオは円資産投資比率が非常に高く、外貨への分散投資がなされておらず、ボラティリティが低すぎると考えられる。

3．対策のご提案

■経営・事業戦略について

●人口減少、競合の増加などにより、既存の食品スーパー事業のみでは持続的な成長シナリオを描くことは容易ではないと考えられる。

●収益の柱である食品スーパー事業のさらなる拡大や、ミールキット、家事代行、グローサラントなどの周辺事業を次の収益の柱となるように育成する必要がある。

■スキームの提案

●同業他社の買収による規模の経済の実現、周辺事業の買収による範囲の経済の実現を図る。

●M&A資金として、PE（プライベート・エイティ）ファンドの出資を受ける場合、資本金を現状の５千万円より増やすと、新事業承継税制が使えなくなるため、浩二氏の持分を一部売却（700株のうち200株、株価300万円／株）し、浩二氏から借入を行う（５億円）。

●新事業承継税制を活用して、2023年３月末までに特例承継計画を提出するとともに、2027年末までに浩二氏は、社長・持株を浩太氏に譲り、代表権のない会長としてスーパー今中に留まり、経営陣をサポートする。具体的には、「非上場株式等についての贈与税の納税猶予及び免除」を活用し、

浩二氏の持株500株を浩太氏に贈与する。
- 今中家の資産の大部分を占めるスーパー今中株式が浩太氏に集中し、相続税の納税問題は解決するが、公平性の観点から、その他の資産は一次相続時には明子氏と里美氏、二次相続時には里美氏が相続する。

■現状資産の管理・運用について
- 新事業承継税制を活用した場合、相続税納税負担が大幅に減少するため、より多くの資金を資産運用に回せることになると考えられる。
- 金融資産の運用については、現状の預貯金、国債のみの運用から、安定型の運用で、日本株式、外国債券、外国株式にもグローバル分散投資を行う。

■納税準備資金について
- 現状、相続が発生した場合、納税準備資金は足りず、一次・二次相続税負担が11億9,000万円と重くなる。
  - ➡一次相続：相続税11億6,000万円、納税準備資金6億1,000万円
  - ➡二次相続：相続税3,000万円、納税準備資金5,000万円
- 新事業承継税制を活用した場合、一次相続税は大幅に減少し、納税準備資金は十分である。また、二次相続税も納税準備資金の範囲内である（浩二氏のスーパー今中への貸付金は全額返済される前提）。
  - ➡一次相続：相続税2億5,000万円、納税準備10億9,000万円
  - ➡二次相続：相続税2億4,000万円、納税準備5億5,000万円
- 一次・二次相続税は納税準備資金の範囲内であり、スーパー今中株式以外の資産は明子氏と里美氏が相続するため、明子氏は趣味も含めた現状の生活水準を維持することができ、また里美氏にとっての公平性も向上すると考えられる。

今中家のスリーサークル

（P.54参照）

４．最適資産配分のご提案

（以下を除き、P.55〜P.56参照）

■最適資産配分について

●M＆A、新事業承継税制活用後に一次相続、二次相続が発生すると仮定した場合、一次相続２億5,000万円＋二次相続２億4,000万円＝４億9,000万円の相続税が発生する。納税準備資金が一次相続時に10億9,000万円、二次相続時に５億5,000万円あり、納税準備資金に余裕があるが、70歳という年齢を考慮し、安定型の運用とする。

５．資産配分案を実現するための商品のご提案

（P.56参照）

６．参考資料

（P.57〜P.62参照）

『I&I』

IPOも可能なIT企業経営者

◼1 貴方への課題

　プライベートバンカーである貴方に、急成長中のIT企業のオーナーから、事業・資産承継のアドバイザー選定のためのセレクションに声がかかった。

　顧客の事前情報（ケース）をもとに、

【問1】現状分析と課題整理を行い、

【問2】ソリューションの方向性を決め、

【問3】投資政策書を作成すること。

　投資政策書の作成にあたっては、顧客である今中ファミリーの立場に立って、顧客のあらゆる部分に目配りした「全体最適」の提案を行うこと。

◼2 対象とする具体的ケース

　プライベートバンカーはまず対象顧客の特性、考え方ないし希望、富の形成過程、財務状況、事業の状況、家族の状況等を把握し、顧客との間にしっかりした信認関係を築くことが基本である。ここでは、これらの情報を所与のものとして以下にファミリーの姿を示している。

(1) 家族構成

- ●神野　広次　50歳　（主人公）
- ●神野　裕子　47歳　妻
- ●神野　太一　20歳　長男
- ●神野　敦之　18歳　次男
- ●神野　景子　16歳　長女
- ●神野　誠一　77歳　父
- ●神野　正美　75歳　母

● 西尾　豊　　74歳　義父
● 西尾　正子　71歳　義母
● 西尾　二郎　45歳　義弟
● 太田　美和　48歳　妹
● 太田　勇　　49歳　妹夫

神野家　家系図

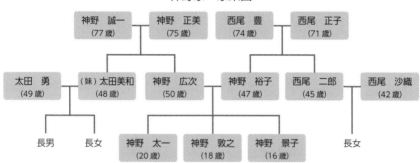

⑵ 登場人物　金融機関及びコンサルティング会社系列

〈M銀行〉

　大下　一郎　35歳　M銀行赤坂支社　融資担当課長
　　　　　　　　　　M銀行はI&I社のメインバンク

　笹本　幸二　52歳　M銀行赤坂支社　支社長
　　　　　　　　　　I&I社設立当時より、所要運転資金ニーズへの貸出を
　　　　　　　　　　行ってきた。最近は所要運転資金ニーズが減少してい
　　　　　　　　　　る中で、他社との資本提携を含めたアライアンスを提
　　　　　　　　　　案している。
　　　　　　　　　　I&I社の株式の20％はベンチャーキャピタルが保有し
　　　　　　　　　　ており、そのうちの1社OSキャピタルは、M銀行系
　　　　　　　　　　ベンチャーキャピタルである。

〈H証券〉

　岸田　次郎　45歳　事業法人部長
　広田　実　　32歳　事業法人部第1課　課長

PER（株価収益率）30倍でマザーズ市場でのIPOを提案している。

IPOを果たしながらも、ファミリーカンパニーであり続けることも可能と提案している。

〈OSベンチャーキャピタル〉

津田　三郎　50歳　代表取締役

メガバンクM銀行の系列ベンチャーキャピタルであり、IT及びバイオ関連のスタートアップに投資をしている。I&I社には8年前に投資し、I&I社の株式の10％を保有する。津田はロックアップ契約（公開前の会社の株主が株式公開後一定時間、市場で持株を売却しないようにする契約）が嫌いだ。

OSベンチャーキャピタル以外にI&I社の株式の10％を保有するイノベーションワン社がある。

〈外資系ファンド〉KOR社

梶田　滋　55歳　日本法人代表取締役

I&I社に取締役を送り込み、51％の株式をEV/EBITDA比率6倍で買収し、7年以内に国内外のIT業界の大手企業へ企業価値を上げ譲渡するか、IPOによるイグジットを提案。

〈監査法人〉　上川監査法人

速川　保　48歳　関与社員

I&I社の中堅会計監査法人。公認会計士100人。

〈税理士法人　城山〉

城山　一郎　50歳　公認会計士15人、税理士10人、その他職員50人を擁する税理士法人の代表社員。

事業承継、資産管理を得意とするブティック型コンサルファーム。

同族内事業承継は適切な相続対策により可能と考える。
ファミリーオフィスの機能が必要と考える。

一旦自社株評価を下げると同時に、①株式移転による
持株会社設立、②さらに株式保有特定会社はずしを提
案しようとしている。

(3)　神野広次氏の略歴
①　生い立ち

　社長の広次氏は1967年神戸市に生まれた。兄弟は2歳年下の妹、美和氏だ
けである。広次氏の父、神野誠一氏は1940年生まれ。神野家は代々兵庫県に
住んでいたが、誠一氏は兵庫県立K高校からK大学工学部に入学した地元の
エリートであった。誠一氏は学究肌であり、卒業後は迷わず、当時日本第三
位の製鉄会社であった岡崎製鉄に入社した。1963年であり、日本は高度成長
を謳歌し「鉄は国家なり」といわれた時代であった。東京オリンピックの前
年にあたり、東京、大阪が大きく変貌を遂げる時代であった。

　妻、正美氏とは、26歳の時に見合いで結婚した。岡崎製鉄入社後、水島工
場に勤務、さらに、川崎沖の人口島を埋め立て、当時、日本最大の高炉の建
設を陣頭指揮した。長男、広次氏が生まれた時も、将来は鉄に係わる仕事に
就いてほしいと思った。広次氏が父と同じ高校に入学し文武両道を目指し、
学究肌であるとともにスポーツマンであってほしいと思っていた。

　広次氏は小学校、中学校とも地元の公立に通った。高校は父と同じ高校に
入学した。高校時代はラグビーに明け暮れる毎日であった。ポジションはフ
ランカーと、縁の下の力持ちの役割を3年間続けた。高校のラグビー部OB
には、W大学ラグビー部の名選手が何名もいた。そのため、憧れのW大学
に1985年に入学した時も1、2年生時はラグビー部に入部していたが、他の
部員は花園に出場経験のある才能あるメンバーばかりであった。やはりラグ
ビーが好きというだけではどうしようもなく、また理工学部でラグビー部と
いう学生も1人しかいなかったので、ラグビーを諦めPCに熱中することにな
る。広次氏は、理工学部でコンピュータサイエンスを専攻していた。

　大学院を卒業後は大手証券系コンサルティング会社に就職した。

　同社では金融事業部にて、広く地域金融機関向けシステム開発の上流工程
の顧客要件を定義する業務に就いていた。折しも1998年の投資信託の銀行窓

販解禁以来、地域金融機関の収益源のひとつが融資先企業経営者とその家族への投資信託の販売、及び退職後の大口預金を持つ預金者への多様な新発物の投資信託の販売であった。

その当時、広次氏は同社が開発した投資信託販売管理システムを、地域金融機関のプラットフォームに適合させながら顧客ニーズに基づきカスタマイズするシステムエンジニアとして仕事を行っていた。

同社の開発した投信窓販管理プラットフォームは、操作性の良さ、さらには関係会社である大手証券会社の営業力もあり、銀行窓販システムのスタンダードとなった。

広次氏は1991年の入社から7年間勤務した後、外資系ABコンサルティング会社へ転職した。AB社は元々米国監査法人系コンサルティング会社であり、銀行証券生保向けの戦略系コンサルでは世界に名声を轟かせている。

② 起業

広次氏がAB社へ入社した1999年は、米国ネットスケープ社のネットスケープナビゲーターとマイクロソフトのInternet　Explorerがまだ覇権を争っていた頃である。

広次氏は2002年にAB社の出張で米国カリフォルニア州パロアルトを訪れ、そこでインターネットの世界に夢中になる。将来すべてのものがインターネットに結び付くことを予想し、自分もいつかネットの世界で多様なサービスを提供するような会社を設立したいと思った。

その思いを確固たる決意に変えた「事件」がシリコンバレーで起こった。2002年、サンフランシスコに本社を置くネット決済のテクノロジーをコアに成長してきたPayPalが、インターネットオークション会社eBayに買収された。

10人のPayPal共同経営者達

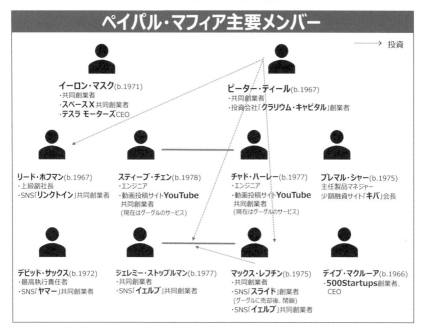

広次氏がちょうどパロアルトへの出張中の出来事であった。PayPalの創業は1998年。創業者ピーター・ティールとイーロン・マスクは広次氏と同じ世代である。ピーター・ティールは、まさに広次氏と同じ1967年生まれである。イーロン・マスクは、4つ年下の1971年生まれである。新聞紙上では、二人のPayPal売却代金は、それぞれ150億円を超えると聞いた。さらに驚いたのは、二人とも売却資金でまた新たなビジネスを起業し、他のPayPalの共同創業者8人も自分の会社を設立するという。新聞は、PayPalマフィアと言って煽った。既に、シリコンバレーにある複数のベンチャーキャピタルが、二人の新しいビジネスに出資することを決めたと伝えていた。スタンフォード大学にほど近いメンローパークには、全米上位15のベンチャーキャピタルのうち9社の本社がある。メンローパークは、いわば、ベンチャーキャピタルの「銀座」である。

全米の主なベンチャーキャピタル

2015年のVCの投資件数ランキング

No.	Firm	City	Number of Deals
1	New Enterprise Associates,Inc	Menlo Park, California	120
2	Kleiner Perkins Caufield & Byers LLC	Menlo Park, California	97
3	Andreessen Horowits LLC	Menlo Park, California	73
4	First Round Capital	Philadelphia, Pennsylvania	70
5	Accel Partners & Co Inc	Palp Alto, California	63
5	Innovation Works Inc	Pittsburg, Pennsylvania	63
7	Bessemer Venture Partner	Larchmont, New York	57
7	Polaris Venture Partner	Waltham, Massachusetts	57
9	Canaan Partners	Menlo Park, California	56
9	Intel Capital Corporation	Santa Clara, California	56
11	Sequoia Capital	Menlo Park, California	55
12	General Catalyst Partners LLC	Cambridge, Massachusetts	54
13	Google Ventures	Mountain View, California	55
14	Atlas Ventures	Cambridge, Massachusetts	50
15	True Ventures	Palp Alto, California	49

出所：PWC MoneyTree Report 2015 Q4

　広次氏は、ここサンフランシスコ・ベイエリアで新しいビジネスモデルが創造され、ベンチャーキャピタルが将来急成長するであろうスタートアップに投資する瞬間を目の当たりにする。スタートアップの創業者はIPOを果たし巨額の資金を手に入れたら、今度は自らがエンジェルとなり新興ハイテク企業に投資する。広次氏は、シリコンバレーの資金循環のエコシステムを見る思いであった。

　そして、ベイエリアのアントレプレナーは自分と同世代の1967年生まれであり、既に1970年代生まれの世代もいる。広次氏は、自らの「起業」という想いを、今、爆発させるしかなかった。

　広次氏は、パロアルトからの帰国後、ABコンサルティングに退職願いを出した。元々、AB社の仲間で、自分の会社を創ると言ったら「俺も一緒に」と言っていた仲間がいた。今、シリコンバレーで起こっていることを話した

ら、二人の同僚が一緒に退職すると言った。柴田氏と岡田氏である。

社名は、InternetとInnovationでI&I社とした。

③　結婚

妻の裕子氏の父、西尾豊氏は、いわゆる中小企業の「オッサン」経営者である。大学卒業後、腕一本で西尾電気を東京都大田区で創業した。当初、家電に組込まれるプラスチック基盤を製造し、大手家電メーカーへ販売していた。1973年の創業以来何度か危機もあったが、それを乗り越え、現在売上高20億円、従業員数50人の企業に成長させた。

裕子氏は、中小企業の社長令嬢としてわがままに育てられた。大学生になってからは、母の正子氏と1月の冬のパリに毎年旅行し、エルメスやシャネルの短いバーゲンに親子で掘り出し物を探しに行くことを楽しみにしていた。裕子氏のゴルフ好きも、父の影響である。ただ、中小企業経営者の悲哀も感じていた。父の友人であった中小企業の社長が、会社を倒産させ自殺したという話も知っていた。

フランス料理の四谷のオテル・ドゥ・ヨクニも、高校の頃から両親に連れられてよく行った。四国シェフがフランスのレジオンヌール勲章を受章した時も、帝国ホテルでの祝賀ディナーに招待を受けた。

大学卒業後、ABコンサルティングに就職した時は、「なぜ西尾電気で働かないのか」と怒られた。しかし、ABコンサルティングの同僚である広次氏と結婚したいと両親に打ち明け、広次氏を父の豊氏に引き合わせた時、なぜか豊氏は広次氏が気に入った。当時から広次氏は、将来必ず起業すると豊氏に話していたのである。実は、広次氏の最大の理解者は、義理の父の豊氏である。

今や、液晶ディスプレイの形成には西尾電気のプラスチック基盤が使われている。

西尾電気の現在の社長は、裕子氏の弟の西尾二郎氏である。

(4)　**I&I社の現状**

I&I社は2003年の創業から14年経過した。その間、広次氏は生活のすべて

の時間をこの会社の維持と成長に費やしてきた。その結果、2016年9月期には、売上高26億円、営業利益3億円の企業へと成長した。

I&I社は、コンサルティング会社2社における広次氏のキャリアを基礎にして、「ITによる事業構造・業務プロセスの革新」を目指して、様々なソリューションを提供している。具体的には、当初はBlackBerry、その後はiPad、iPhoneなどのモバイル端末を利用した情報システムの構築を得意としており、これらの端末向けに開発されたパッケージソフトを組み合わせて、オフィスにいなくても適時、そして安全に業務を遂行できるようなソリューションを提供している。また、最近ではビックデータを活用するコンサルティングやデータサイエンティストの育成も手掛けている。

サービスライン／ライブラリー	モバイルセンサーアプリ事業	法人向けセキュリティ事業	データ解析、IoT事業
モバイル・アプリケーション	◯		
モバイル端末管理		◯	
セキュリティ		◯	
ビッグデータ解析			◯
クラウド移行	◯	◯	
IoT活用			◯

日本国内においては、新しいIT技術の活用は法人向けの市場ではなく、個人向けの市場が先行する傾向にある。現に、2014年時点で日本国内全体でのスマートフォンの浸透率は64.2%（出所：総務省「2014年通信利用動向調査」）であるが、法人に限ってみると31.4%（出所：MM総研「法人ユーザーにおける携帯電話／スマートデバイスの導入配布状況・ニーズに関する調査」）にとどまっている。

個人向けの市場で起きた変化や新しいIT技術の普及をいち早くとらえ、法人市場で展開することにより、法人向けのIT市場の構造が変化していく機会を取り込むことで、I&I社は、今後、大きく成長する可能性がある。

IDC　JAPANの調査によると、2015年において国内IT市場は14兆7,837億

円（前年比成長率0.1％）、2015〜2020年の年間平均成長率は0.8％と予測され、市場全体としては安定期・成熟期に入ったかのようにも見受けられる。しかし、I&I社がターゲットとする市場は次の表のとおりであり、成長ポテンシャルが高いと考えられている。

ターゲット市場	2019年の市場規模	年平均成長率	出　所
法人向けスマートデバイス	1兆2,000億円	19.9%	富士キメラ総研「2015法人向けスマートデバイス関連ビジネスの全貌」
情報セキュリティ	7,341億円	8.9%	野村総合研究所「ITナビゲーター2015年度版」
クラウド	2兆679億円	27.8%	MM総研「国内クラウドサービス需要動向（2015年版）」
ビッグデータ	2,889億円	25.0%	ＩＤＣ「2015年の市場規模と2020年の市場規模予測」
IOT	7,159億円	42.6%	MM総研「IoT（Internet of Things）の国内市場規模調査」

　このように成長性の高いマーケットではあるが、広次氏は事業を拡大させることに一抹の不安を感じている。それは、人材の問題だ。事業を成長させるためには、優秀なコンサルタントやSEを獲得・確保・育成することが必要であるが、最近、IT業界の労働市場がひっ迫し、思うような人材を十分に採用できないからである。採用市場においては、何よりも会社の規模や知名度、信頼感がものを言う。現状、会社は非上場で、規模も中途半端な状況である。

　正社員を採用できない場合、協力会社にお願いすることもできるが、外注単価は年々高騰しており、あまり依存するとプロジェクトの採算が悪化する。また、協力会社に依存しすぎると、社内にノウハウが蓄積されず、プロジェクトをコントロールできる人材が育たなくなってしまう。協力会社のメンバーが入れ替わるたびに一から教育しなければならない。いくら仕事が来

ても、これではうまくやれる保証はない。

　成長市場を目の前にして、難しい問題に直面してしまった広次氏であった。

⑸　**競合の状況**

　国内のIT業界の首位はNTTデータ。業界内で唯一の売上高１兆円プレーヤーで、２位の大塚商会の6,000億円にも大きな差をつけている。IT業界は大きく分けて、グループ系、独立系、外資系企業に分けられる。

　日本のIT業界の中核をなすのがグループ系企業。富士通、日立、新日鉄、NEC、伊藤忠など大手企業の関連会社として活躍するIT企業が多い。また、IBMやアクセンチュアなど米国を中心とした外資系IT企業も大きな力を持っている。

　近年、好調な業績を挙げているIT業界であるが、従来型のIT需要は今後、頭打ちとなる試算がある。すでに市場は成熟期を迎え、従来型のITニーズの伸びはそれほど見込まれない。

　ただし、IT業界の面白い点は新たな技術が登場するという点で、新たな技術が登場するとそれに対するニーズが爆発的に増え、その技術いかんによっては、巨大な市場を作り出す可能性がある。新たな技術は、従来型のIT業界を根底から変えるほどの力を持ち合わせている。

　I&I社は、新たな技術を核に「ITによる事業構造・業務プロセスの革新」を目指す企業であり、事業内容が類似する独立系の企業と比較するのが適切であろう。

　独立系のトリトンシステムズは、1979年に創業した組込み系のソフトウェア会社であった。近年では、情報漏洩対策、認証とアクセス制御、スマートデバイスの業務利用のためのセキュリティ対策、サイバーセキュリティ対策のソフトウェア等を自社で開発し、最適なシステム構築の提案ならびに運用サービスを顧客へ提供している。売上高は175億9,800万円（前期比50％増）、営業利益は13億8,500万円（前期比2.8倍）と、最近、成長著しい企業である。東証二部に上場している。

　また、フライホールディングは、1988年に画像処理のデジタル化を事業

目的に創業した。近年では、デジタル放送・デジタルメディア業界向けの様々なサービス（デジタルコンテンツ（映像や音楽等）のマネージメントや配信に関するコンサルティング、ソフトウェア受託開発）、各種システム開発、及びiPhone等スマートフォンを利用した電子決済ソリューションプラットフォームの構築や提供等の事業を展開している。前期は、Apple Payの国内サービス開始に伴う特需により、売上高47億3,100万円（前期比61.3％増）、営業利益8億8,500万円（前期は営業損失1億3,800万円）と、大幅な増収増益となっている。

競合他社　財務数値

（単位：百万円）

	トリトンシステムズ	フライHD	I&I
売上高	17,598	4,731	2,635
売上原価	10,618	2,957	1,606
売上総利益	6,980	1,774	1,029
粗利益率	39.7%	37.5%	39.1%
販管費	5,594	889	711
営業利益	1,385	885	317
営業外損益	−78	−30	−18
経常利益	1,307	856	299
当期利益	728	611	201
純資産	6,145	1,077	831
総資産	14,108	2,300	1,499
自己資本比率	44%	47%	55%
株価収益率	28.7倍	47.0倍	−
特記事項	東証二部	東証二部	非上場
ROE	11.9%	56.7%	24.2%
従業員数	638	123	90

⑹　組織・後継者

I&I社の取締役は以下の４人である。

代表取締役社長　神野　広次　　本人　　50歳
取締役副社長　　柴田　鉄平　　非同族　48歳
取締役CFO　　　岡田　紘一　　非同族　45歳
取締役営業部長　今村　隆　　　非同族　42歳

　代表取締役社長の広次氏、取締役副社長の柴田鉄平氏、取締役CFOの岡田紘一氏はABコンサルティングの同僚であり、I&I社の創業メンバーである。

　創業以来、広次氏が全体的な経営・営業、柴田氏がCTO（最高技術責任者）、岡田氏が管理部門を統括してきたが、システム・インテグレーター大手ATTデータから営業担当の今村隆氏が加わり、営業体制の強化を図った。

　柴田取締役副社長は「技術の柴田」と業界でも高い評価を得ており、CTOとして、広次氏の片腕的存在である。ただし、技術おたくの研究者肌であり、経営全般にはあまり関心がない。I&I株式も広次氏から保有した方が良いと勧められ、渋々引き受けたほどだ。業界最先端の技術を突き詰める仕事ができれば良く、お金や経営などの煩わしさにはなるべく関わりたくないと考えている。

　岡田取締役CFOは公認会計士の資格を有し、大手監査法人から、ABコンサルティングに転じた経歴を有する。取締役CFOとしての資質は申し分なく、経理、総務などの管理部門の仕事をそつなくこなしている。ただし、今後のI&I社成長のためのサポート役としての役割を担うことはできるが、将来ビジョンを描き、組織を引っ張っていくようなCEOタイプではないことは明らかである。

　今村取締役営業部長はATTデータで鍛えられ、社内外での評判も良い。I&I社の成長を牽引している１人であるが、営業部門を上手くまとめてはいるものの、経営者としての資質は未知数であると言わざるを得ない。

　I&I社はIPOも選択肢に入れているが、近年、コーポレート・ガバナンス

に対する目線が高くなってきているため、同族はいっさい入れていない。広次氏の子供達も学生であり、まだ後継者候補としては見ていないが、将来的に企業に勤め、そこで頭角を現し、本人も後継者の道を望めば、後継者となることを否定することもないと考えている。幸い、子供達はみな優秀な学生である。優秀な学生が必ずしも経営者として大成するわけではないが、経営者候補としての潜在能力を有している可能性もあるので、今後よく見守って行きたい。

(7)　株主構成

株主名	株式数	持株比率
神野広次	2,750,000	55%
柴田取締役副社長	750,000	15%
OSベンチャーキャピタル*1	500,000	10%
イノベーションワン*2	500,000	10%
岡田取締役CFO	250,000	5%
従業員持株会	250,000	5%
合　計	5,000,000	100%

＊1　取引先。コーポレートVCに積極的で、リターンは業界トップ・クラス
＊2　ベンチャー・キャピタル最大手

　自社株については、広次氏が55%、創業メンバーで片腕である柴田取締役副社長が15%、岡田取締役CFOが5%を保有する。また、従業員持株会で5%を保有する。外部株主として、OSベンチャーキャピタルとイノベーションワンが各10%を保有している。

(8)　家族の状況
①　妻
　妻の裕子氏はゴルフ、フランス料理、パリへの高級ブランド品の買い出しなど、お金のかかる趣味を持っている。広次氏はまだ若く、元気に働いており、喫緊の課題ではないものの、広次氏に万が一の事態が発生した場合、相続税の支払いに困ることはないか、神野家の根幹をなすI&I社はどうなって

しまうのか、自分のライフ・スタイルが維持できなくなるのではないかという漠とした不安を抱えている。人間誰しもいったん手に入れた生活水準を落とすことは辛いものである。

広次氏としては、I&I社創業を全面的にサポートしてくれた妻に対して、経済的に可能な限り、やりたいことをやらせてあげたいと考えている。妻の不安に対しても、どのように対応していけば良いか、アドバイザーにも相談したいと考えている。

② 長男、次男

長男の太一氏はW大学商学部、次男の敦之氏はK大学経済学部の学生であり、2人とも、お互いに切磋琢磨し、一流大学に在籍するに至っている。特に次男の敦之氏は生来の負けず嫌いの性格で、兄の太一氏がW大学に入学したのであれば、自分はK大学へというように、つねに兄を意識し、兄を超えてやろうという勝気な性格である。

2人とも、I&I社はIPOも選択肢に入れ、ベンチャー・キャピタルなどの外部株主も入れるなど、同族経営色を弱めようとしていることを肌で感じており、大学卒業後はI&I社に入社するのではなく、企業に勤めるものだと考えている。ただし、2人とも大学で関心を持って経営学を学んでいることもあり、将来的にI&I社に入社することも選択肢から100%除外しているわけではない。

広次氏としては、2人の経済的自立を全面的に支援していきたいと考えているが、経営に興味を持ち、優秀な2人でもあるため、本当にI&I社の後継者候補から除外してしまって良いのか、経営者としての適性が認められれば、後継者候補にしても良いのではないかと逡巡する気持ちもあることは事実である。

③ 長女

長女の景子氏も幼いころから学才に恵まれ、女子のトップ校の1つであるK女子高に在籍している。中高一貫校であるため、英会話のレッスンに時間を割くことができ、すでに英検準1級を取得している。兄2人とは違い、将

来的には、英語力を活かしながら、医療業界に携わりたいと考えている。ただし、医学部は内部生でも推薦をもらうのが大変な狭き門であり、外部受験もハードルが高い。現実的にはK大学薬学部に進学し、薬剤師として医療に携わることを考え始めているところである。

　広次氏としては、景子氏には希望する医療業界への従事、結婚、出産も含め、堅実に幸せを手にしてもらいたいと考えている。

(9)　個人財産

広次氏の個人財産リスト

（単位：百万円）

	相続税評価
赤坂タワマン（自宅、時価2億円）	
土地（小規模宅地等の特例適用後）	4
家屋	22
自社株	435
金融資産	
預貯金	55
外国株式ETF	12
個人向け国債（変動10年）	15
外国債券投資信託	18
終身保険	15
定期保険（80歳満了）	100
定期保険（99歳満了）	100
死亡退職金	
定期保険（100歳満了）	700

　広次氏の自宅は赤坂のタワーマンションである。購入理由はオフィスに近く、事業に専念できること、都心のブランド・エリアであるため、不動産価値を維持することができると考えたためである。相続税の軽減を狙ったわけではないが、結果的に、大幅な相続税評価減につながっている。ただし、将来的には麻布に一戸建てを建築したいと考えている。

広次氏はこれまで事業に専念してきたため、資産運用に時間を割くことができなかった。アドバイザーからは、資産に占める自社株の比重が高く、今後の金利上昇が見込まれるため、変動金利の国債で運用するのが良いとのアドバイスを受けているが、現在保有している銘柄は言われるままに取得したものである。

　自社株、不動産を含め、国内資産に集中していることから、リスク分散を図るため外国株式ETF、外国債券投資信託にも投資している。

　生命保険は個人と法人で加入している。個人保険は終身保険と定期保険合計で215百万円、法人保険は65歳で退任するとして、7億円程度の退職金が発生することが見込まれるため、法人で7億円の長期平準定期保険に加入している。

　広次氏は事業で高いリスクを取っているうえ、資産は流動性の低い自社株の占める比率が高いため、今後比較的安全性・流動性の高い資産で運用したいと考えている。

⑽　各金融機関、ファンドの提案

Ａ）証券会社の提案

　H証券事業法人部長岸田次郎氏と課長広田実氏がI&I社を訪問したのは、2016年12月であった。2人は、I&I社がマザーズまたはジャスダックでIPOを果たして上場会社というブランド力を得ることにより、さらなる成長を実現できるという提案をしたのである。

　上場すれば、コンサルタントやSEの採用に有利に働くし、また、上場企業の信用力でより広い顧客を獲得できると言っている。同業他社と比較するとPERは30倍くらいとも言っている。

Ｂ）ファンドの提案

　2017年4月、外資系ファンドKOR社の日本法人代表取締役梶田滋氏が広次氏にアポイントメントを申し込んできた。梶田氏は、I&I社の株式51%を一株当たり500円（EV/EBITDA比率6倍）で買い取り、経営階層を送り込み、7年間で適格なアライアンスパートナーへの譲渡またはIPOを目指すと

いう提案をしている。

　同ファンドは、IT業界で多くのM&A案件成功事例もあり、現経営者と共同しながら企業価値の現状比5倍を目指し、グローバルな展開をも志向したいというものである。

　買収金額は、デューデリジェンス（適正評価手続）の結果、EV/EBITDA比率6倍とし、取締役を2人送り込む、株式買収割合は20%や100%ではなく、51%としたいという提案である。

　国内、海外のアライアンスの可能性がある企業、又はシナジーが発揮できる企業のリストは既にあると言っている。

C）銀行の提案

　2017年5月、取引先であるM銀行赤坂支社の支社長笹本幸二氏及び融資担当課長大下一郎氏が広次氏にアポイントメントを申し込んできた。上場しているある同業他社がI&I社の株式100%を一株当たり1,400円（EV/EBITDA比率20倍弱）で買い取りたいと言っている。買収後もしばらくは、会社に残ってもいいとの条件も提示された。

　上場会社に買ってもらえれば、会社には上場したのと同様のメリットがあるし、かなりのプレミアムも提示している。

参考数値等

(1) I&I社 財務数値

貸借対照表

(2015年9月期)

(単位:千円)

資産の部		負債の部	
流動資産		流動負債	
現金及び預金	195,590	買掛金	246,813
売掛金	414,346	1年内返済予定の長期借入金	112,384
リース投資資産	9,342	未払金	34,366
有価証券	5,632	未払費用	24,414
棚卸資産	7,829	未払法人税等	36,145
前渡金	4,439	前受金	551
前払費用	12,923	預り金	16,199
繰延税金資産	10,249	前受収益	49,754
その他	8,968	リース債務	－
流動資産合計	669,321	その他	13,602
固定資産		流動負債合計	534,230
有形固定資産		固定負債	
建物	52,214	長期借入金	162,457
減価償却累計額	－5,739	資産除去債務	22,775
建物(純額)	46,473	リース債務	－
工具、器具及び備品	40,399	その他	－
減価償却累計額	－31,528	固定負債合計	185,232
工具、器具及び備品(純額)	8,869	負債合計	719,464
有形固定資産合計	55,344	純資産の部	
無形固定資産		株主資本	
ソフトウェア	13,377	資本金	82,450
その他	－	資本剰余金	
無形固定資産合計	13,377	資本準備金	－
投資その他の資産		その他資本剰余金	－
投資有価証券	272,000	資本剰余金合計	－
保険積立金	271,257	利益剰余金	
敷金及び保証金	57,730	その他利益剰余金	
繰延税金資産	9,637	繰越利益剰余金	547,264
その他	510	利益剰余金合計	547,264
投資その他の資産合計	611,136	株主資本合計	629,714
固定資産合計	679,857	純資産合計	629,714
資産合計	1,349,178	負債純資産合計	1,349,178

貸借対照表

（2016年9月期）

（単位：千円）

資産の部		負債の部	
流動資産		流動負債	
現金及び預金	367,988	買掛金	284,823
売掛金	569,996	1年内返済予定の長期借入金	69,226
リース投資資産	2,253	未払金	76,376
有価証券	0	未払費用	13,697
棚卸資産	11,235	未払法人税等	62,543
前渡金	87,856	前受金	－
前払費用	17,585	預り金	12,266
繰延税金資産	7,106	前受収益	36,914
その他	4,366	リース債務	1,268
流動資産合計	1,068,391	その他	24,631
固定資産		流動負債合計	581,749
有形固定資産		固定負債	
建物	52,214	長期借入金	59,318
減価償却累計額	−10,832	資産除去債務	22,894
建物（純額）	41,381	リース債務	3,760
工具、器具及び備品	46,233	その他	306
減価償却累計額	−32,269	固定負債合計	86,280
工具、器具及び備品（純額）	13,964	負債合計	668,030
有形固定資産合計	55,347	純資産の部	
無形固定資産	0	株主資本	
ソフトウェア	11,589	資本金	82,450
その他	337	資本剰余金	
無形固定資産合計	11,926	資本準備金	－
投資その他の資産		その他資本剰余金	－
投資有価証券	0	資本剰余金合計	－
保険積立金	296,202	利益剰余金	
敷金及び保証金	57,475	その他利益剰余金	
繰延税金資産	9,274	繰越利益剰余金	748,648
その他	510	利益剰余金合計	748,648
投資その他の資産合計	363,464	株主資本合計	831,098
固定資産合計	430,737	純資産合計	831,098
資産合計	1,499,128	負債純資産合計	1,499,128

損益計算書

（単位：千円）

	2015年9月期	2016年9月期
売上高	2,380,235	2,635,349
売上原価（注）	1,496,876	1,606,044
売上総利益	883,359	1,029,305
販売費及び一般管理費		
給料及び手当	376,424	337,680
業務委託費	85,116	139,883
減価償却費	11,541	10,513
その他	181,174	223,912
販売費及び一般管理費	654,259	711,990
営業利益	229,099	317,314
営業外収益		
受取利息	379	151
有価証券利息	3,256	3,844
受取配当金	1,071	－
為替差益	5,506	－
その他	235	70
営業外収益合計	10,452	4,068
営業外費用		
支払利息	4,571	2,251
支払保証料	938	2,732
為替差損		15,145
株式交付費	－	2,105
営業外費用合計	5,510	22,233
経常利益	234,039	299,149
特別利益		
投資有価証券売却益	－	34
特別利益合計	－	34
特別損失		
固定資産除却損	10,560	133
投資有価証券売却損	－	622
特別損失合計	10,560	755
税引前当期純利益	223,478	298,427
法人税、住民税及び事業税	76,451	93,537
法人税等調整額	6,237	3,506
法人税等合計	82,688	97,044
当期純利益	140,789	201,382

（注）売上原価に含まれる減価償却費5,517千円

株主資本等変動計算書

（単位：千円）

	2015年9月期					
	株主資本					純資産合計
	資本金	利益剰余金		自己株式	株主資本合計	
		その他利益剰余金 繰越利益剰余金	利益剰余金合計			
当期首残高	82,450	406,475	406,475	−11,900	477,025	477,025
当期変動額						
当期純利益		140,789	140,789		140,789	140,789
自己株式の処分				11,900	11,900	11,900
当期変動額合計		140,789	140,789	11,900	152,689	152,689
当期末残高	82,450	547,264	547,264	−	629,714	629,714

	2016年9月期					
	株主資本					純資産合計
	資本金	利益剰余金		自己株式	株主資本合計	
		その他利益剰余金 繰越利益剰余金	利益剰余金合計			
当期首残高	82,450	547,264	547,264	−	629,714	629,714
当期変動額						
当期純利益		201,382	201,382		201,382	201,382
当期変動額合計		201,382	201,382		201,382	201,382
当期末残高	82,450	748,648	748,646	−	831,098	831,098

　貴方は、ａ）M銀行の大下融資担当課長、ｂ）H証券の広田事業法人部第一課長、ｃ）外資系ファンドKOR社の梶田日本法人代表取締役、d）税理士法人城山の城山代表社員のいずれかの役を選択できます。

　社長の広次氏からはI&I社の法人情報、広次氏の個人情報を、今回のコンサルティングを行うにあたり、開示してもいいという承認を得ました。

　以上の記述を前提に、まずは、現状分析と課題の整理をしてください。

問題1 ▶解答例

＜マクロ分析＞

ａ）経済環境分析

■アベノミクスの今後

　アベノミクスは①大胆な金融政策（マイナス金利を含む）、②機動的な財政政策、③民間投資を喚起する成長戦略の３つを基本方針としてスタートし、①金融政策（第一の矢）、②財政政策（第二の矢）の成果により、株価や不動産価額は急上昇した。しかし、③の成長戦略（第三の矢）の効果については、いまだ力強さを欠く状況であり、設備投資や消費性向をより活性化させるため「新たな需要の創出」と「革新的な生産性向上」が課題である。政府もロボットなどモノづくりの強みといった日本の強みに政策資源を集中投資するため、2017年6月に「未来投資戦略2017〜Society5.0の実現〜」を閣議決定し、具体的なプロジェクトを推進する体制をとっている。

ｂ）制度

■税制改正の方向性

　総じて、法人課税は、国際競争力を鑑みて「課税緩和（低下）傾向」、個人課税は、経済的な実態を現状に合わせるために各種控除等を見直し課税ベースを広げたり、富裕層に対しては海外への資産を移転する際に課税を実施する、最高税率を上げるなど、「課税強化（上昇）傾向」である。

　ただ、消費を刺激するため資産移転を促す必要があり、親族内の資産移転

（贈与）は特例的に税率を優遇（低く）している。

■法人税の動向

　法人税の税率は、国際競争力向上の観点から、2018年には約29.74％となることが決定されているが、政府が掲げた「未来投資戦略2017」にもあるように、「中小企業の投資関連・投資促進税制」を一段と拡充・強化し「投資面」を、かつ賃金を増加させた法人の税制優遇をさらに強化し「消費面」を同時に刺激する内容の改正が2017年度の税制改正で決定された。

■所得税の改正の動向

　すでに2015年から所得税の最高税率が45％に引き上げられ、住民税と合わせると最高税率は55％になっている。出国税の創設や国外財産調書・財産債務調書の提出が厳格化され、富裕層、高額所得者への課税が強化されたが、さらに「働き方改革」により給与所得控除など「所得の種類に応じた控除」と「人的控除」の在り方を見直し、生活・経済環境の変化に対応させようとしている。

■相続税、贈与税改正の動向

　2017年1月1日に「取引相場のない株式の評価方法」が改正され、「類似業種比準価額」については「利益」による株価変動の影響が緩和された。2015年から相続税の基礎控除額が40％縮減された影響で相続税の課税件数割合も2014年分の4.4％から2015年分には8.0％と1.8倍に増加しており相続税の大衆課税化が進んだ。

　一方、20歳以上の子・孫が直系尊属から受けた贈与税については税負担が軽減され、相続時精算課税制度の対象に20歳以上の孫も加わり、贈与者の年齢も65歳から60歳に引き下げられたが、2016年分は贈与税の前年比申告人数は暦年贈与、相続時精算課税ともに減少しており、改正の影響も資産の移転という観点からは限定的となっている。

■消費税の動向

　消費税については財政健全化のため、10％への引き上げが予定されている（セミナー開催時点）。

c）ITシステムコンサル業界の分析

■業界全体の方向性、成長可能性について

国内IT市場は、2015年において14兆7,837億円（前年比成長率0.1％）、2015〜2020年の年間平均成長率は0.8％と予測される。従来型のIT需要は今後頭打ちとなる試算があり、全体のIT市場としては「安定期・成熟期」に入っている。

ただ、IT業界は新たな技術が登場すると、それに対するニーズが爆発的に増え、その技術いかんによっては、巨大な市場を作り出す可能性がある。新たな技術は従来型のIT業界を根底から変えるほどの力を持ち合わせていると言える。その変化の影響力があまりにも大きいため「破壊的イノベーション」と呼ばれている。それに伴って、ITコンサルティングへの需要も増加すると考えられる。

現状、「IoT」「クラウド」「ビックデータ」「スマートデバイス」などが年平均成長率が高いマーケットとして考えられている。ただ、最近はIT業界の労働市場がひっ迫しており、中小企業では思うような人材を十分に採用できないという新たな問題が露呈してきている。

＜ミクロ分析＞

a）経営の状況

■競争優位にあるプロダクトの有無

I&I社は、BlackBerry、iPad、iPhoneなどのモバイル端末向けに開発されたパッケージソフトを組み合わせてソリューションを提供している。他社が開発したソフトウェアの販売に競争優位はないが、それらを組み合わせて業務プロセスの革新を提案できるコンサルティングに競争優位が認められる。その源泉は、広次氏を中心とする創業メンバーのコンサルティング能力と技術力である。

■今後のイノベーションの可能性、その条件

日本国内においては、新しいIT技術の活用は法人向けの市場ではなく、個人向けの市場が先行する傾向にある。個人向けの市場で起きた変化や新しいIT技術の普及をいち早くとらえ、法人市場で展開することにより、法人

向けのIT市場の構造が変化していく機会を取り込むことで、I&I社は、今後、大きく成長する可能性がある。I&I社がターゲットとする、法人向けスマートデバイス、クラウド、ビックデータ、IOTなどの市場は、成長ポテンシャルが高いと考えられている。

■競合の可能性

　I&I社のビジネスと競合するわけではないかもしれないが、スマートデバイスの業務利用を提案している会社は、他にも存在し、高い成長率、高い粗利益率となっている。すでに上場している会社も多い。

　最近、IT業界の労働市場がひっ迫し、優秀なコンサルタントやSEを採用できない現状をみると、間接的に採用市場において競合しているといえる。採用においては、何よりも会社の規模や知名度、信頼感がものをいう。現状、会社は非上場で、規模も中途半端な状況である。

■従業員、組織の側面

　広次氏は、IPOを選択肢に入れているが、近年、コーポレート・ガバナンスに対する目線が高くなってきているため、同族はいっさい入れていない。

■後継者の状況、又は、それに代わる経営層の状況

　広次氏は、現在50歳であり、当面、後継者の準備は必要ないかもしれない。広次氏以外の取締役は、会社の経営に関心がなかったり、経営者としての資質も未知数であったりであり、また、広次氏と年齢も近く、後継者候補としては適切ではないかもしれない。

　会社内部に後継者候補がいないならば、将来的にIPOを考えて、広く経営者候補を募集すること、持株の一部をPEへ売却することにより、プロの経営者を招聘すること、あるいは、同業他社の傘下に入ることにより、経営者を派遣してもらうことなどの選択肢が考えられる。

　どれを選択するかは、I&I社の成長に寄与するという観点が重要と思われる。

b）ファミリーの状況

■家族内での問題

　妻の裕子氏は、広次氏に万が一の事態が発生した場合、相続税の支払いに

困ることはないか、神野家の根幹をなすI&I社はどうなってしまうのか、自分のライフスタイルが維持できなくなるのではないかという漠とした不安を抱えている。

■後継者の状況

子供たちは、それぞれの人生を考えており、現時点でI&I社に入社することは考えていない。

■ファミリーの目標

I&I社は、広次氏が起業した会社であり、神野家で代々受け継がれてきた家業ではない。起業した広次氏自身、ファミリーに継承してもらいたいと思っていないし、家族もそのつもりがない。可能ならば、シリコンバレーのスタートアップの創業者のようになりたいと、広次氏は思っている。

妻の裕子氏は、広次氏に万一の事態が発生した時も、生活水準を維持できるようにと思っているし、広次氏も経済的に可能な限り、やりたいことをやらせてあげたいと考えている。

長男の太一氏、次男の敦之氏ともに外部の企業に勤めるものだと考えているが、I&I社への入社を100％除外しているわけでもない。広次氏としては、2人の経済的な自立を全面的に支援していきたいと考えている。一方で、2人を後継者候補にしてもいいのではないかという気持ちも芽生えている。

長女の景子氏は、現実的にはK大学薬学部に進学し、薬剤師として医療に携わることを考え始めている。広次氏としては、景子氏には希望する医療業界への従事、結婚、出産も含め、堅実に幸せを手にしてもらいたいと考えている。

c）所有の状況

■ファミリーが保有する全資産の状況

現時点において、ファミリーが保有する総資産は、相続税評価で約5億6,100万円であり、広次氏に万が一の事態が発生した時には、自らが保有する生命保険契約により2億1,500万円の保険金を受け取ることができる。さらにI&I社契約の生命保険契約7億円を原資に、I&I社から死亡退職金が支給されることになっている。

広次氏に万が一の事態が発生した時に承継する金融資産（預貯金・有価証券・生命保険金・退職慰労金）は、10億1,500万円と見込まれる。

■自社株の移転についての課題

同族内での事業承継を想定しないのであれば、広次氏の引退した後に自社株を持つ意味は、ファミリーの財産としての価値しかない。IPO、PEへの売却、同業他社への売却など、自社株を換金するスキームを考えておくことが必要である。

■相続税納税準備資金とその可能性、対策

一次相続税が2億6,800万円発生すると見込まれるのに対して、相続税納税準備資金（金融資産、生命・年金保険、退職慰労金）が10億1,500万円であるため、一次相続時点では全体として資金不足にはならない。また、二次相続税が約2億2,400万円発生すると見込まれるのに対して、相続税納税準備資金（金融資産）が5億7,800万円であるため、二次相続時にも全体として納税準備資金は確保されている。

ただし、これはI&I社の自社株の評価が、4億3,400万円であることを前提としており、将来の企業価値の増大に伴い、自社株の評価が上がれば、どうなるかはわからない。

■円滑な財産分割についての問題

妻への分割

自宅は小規模宅地等の特例の適用を受けるため、一次相続では同居している妻が相続することが考えられる。

また、広次氏の亡き後も、生活水準を維持できるように、流動性の高い資産を中心に相続させる配慮が必要である。

長男への分割

一次相続においては、後継者とならない子供たちへは均等に分割することでよいが、納税資金を確保した上で、経済的自立ができるような分割でなければならない。

また、二次相続においても、均等に分割することでよい。

次男への分割

一次相続においては、後継者とならない子供たちへは均等に分割すること

でよいが、納税資金を確保した上で、経済的自立ができるような分割でなければならない。

　また、二次相続においても、均等に分割することでよい。

長女への分割

　一次相続においては、後継者とならない子供たちへは均等に分割することでよいが、納税資金を確保した上で、経済的自立ができるような分割でなければならない。

　また、二次相続においても、均等に分割することでよい。

[問題2] ソリューション

　社長の広次氏は、神野家の未来、I&I社について、以下の目標（a、b、c）を設定したとします。
　a）IPO（新規株式公開）
　b）PE（プライベート・エクイティ）ファンドへの売却
　c）M&A（同業他社への売却）
　それぞれの目標設定に対し、その条件及び提案するソリューションを示してください。

問題2 ▶解答例

a）IPO（新規株式公開）

■条件

　コーポレートガバナンスの強化：外部株主も含む株主構成の多様化が社外役員（社外取締役、社外監査役）の登用とともに求められる。組織、手続などの内部統制の強化も必要になる。監査法人の会計監査が上場申請直前2事業年度に必要となる。

　内部統制の強化：組織、手続、書類などを整備する必要がある。

　安定した利益成長体制の確立：競合が厳しさを増す中、安定した利益成長体制の確立も課題である。

■ソリューション、提案

　コーポレートガバナンスの強化：社外取締役、社外監査役を登用し、コーポレートガバナンスの強化を図る。2019年9月期を直前期とするならば、2017年9月中に監査契約を締結することが必要である。できなければ、決算期変更を検討する。

　内部統制の強化：経理・総務担当の岡田取締役CFOの下に内部統制・上場準備に精通した専任の担当者を採用する。IPOにより新たな優秀な人材を採用し、そのメンバーにより新たな成長戦略を模索する。

　安定した利益成長体制の確立：収益の柱であるモバイルセンサーアプリ事

業及び法人向けセキュリティ事業の他に、データ解析、IoT事業を次の収益の柱となるように育成する。また、中期経営計画を策定するとともに、進捗管理を行うため月次の予実管理体制を確立する。

　資産管理会社の設立：株価が高くなる前に、広次氏の持分の一部を新設する資産管理会社に移転する。IPOの売出・増資後に、資産管理会社の持分が1/3超（配当が全額非課税）になるようにすることが考えられる。

b）PE（プライベート・エクイティ）ファンドへの売却
■条件
　M&A：M&Aは、創業家にとっての経営リスクがなくなるとともに、企業価値を適切に反映した買収金額でないと成功しない。そして、M&A後の既存従業員が継続的に雇用される状況にないと、優秀な社員が退職し、結果として法人格は抜け殻だけになりかねない。従って、M&A後の新経営陣は、既存のI&I社のカルチャーを十分に理解しなければならない。また、I&I社の文化をある程度維持するために、広次氏も一定期間M&A後も代表権を持ち、経営陣に加わっていることが必要であろう。また、買収先企業とI&I社の間に多様なシナジー効果が期待できることが必須である。従って、そういう企業を探せる力を持つアドバイザーが必要である。

■ソリューション、提案
　I&I社はBlackBerry、iPad、iPhoneなどのモバイル端末を利用した情報システムの構築を得意としており、これらの端末向けに開発されたパッケージ・ソフトを組み合わせて、オフィスにいなくても適時、そして安全に業務を遂行できるようなソリューションを提供している。したがって、PE（プライベート・エクイティ）ファンドへの売却を行い、中長期的な視点で企業価値の向上に取り組んだのち、IPO、同業他社へのM&Aなどの出口を模索することが考えられる。PE（プライベート・エクイティ）ファンドへの売却の場合、経営陣も引き続き、株主として残るケースもあり、広次氏の持分49％を残し、配当還元方式の低い評価で生前贈与することも考えられる。

c）M&A（同業他社への売却）

■条件

　M&A：M&Aは、創業家にとっての経営リスクがなくなるとともに、企業価値を適切に反映した買収金額でないと成功しない。そして、M＆A後の既存従業員が継続的に雇用される状況にないと、優秀な社員が退職し、結果として法人格は抜け殻だけになりかねない。従って、M＆A後の新経営陣は、既存のI&I社のカルチャーを十分に理解しなければならない。また、I&I社の文化をある程度維持するために、広次氏も一定期間M＆A後も取締役や顧問などの形で関与を続けることが必要であろう。また、買収先企業とI&I社の間に多様なシナジー効果が期待できることが必須である。従って、そういう企業を探せる力を持つアドバイザーが必要である。

■ソリューション、提案

　I&I社はBlackBerry、iPad、iPhoneなどのモバイル端末を利用した情報システムの構築を得意としており、これらの端末向けに開発されたパッケージ・ソフトを組み合わせて、オフィスにいなくても適時、そして安全に業務を遂行できるようなソリューションを提供している。従って、同業他社との合従連衡によりシナジーを発揮しうる、同業他社の傘下に入り、中長期的な視点から企業価値向上に取り組む。また、同業他社はI&I社の企業カルチャーをしばらくは維持し、コア社員の長期雇用を実現する。なお、広次氏の売却対価を資産管理会社で運用することも考えられる（相続税の節税につながる）。

［問題3］投資政策書

　現状分析、目標設定に基づき、ストラクチャーの概要、提案する事業戦略、期待される効果を社長の広次氏に提案する投資政策書を作成してください。

　作成するのは、次の(1)、(2)の2つです。

(1)　エグゼクティブサマリー（提案の要旨）

(2)　(1)を導くための検討過程、根拠等を示す資料

　なお、貴方が選択した戦略実行後の広次氏及び家族が保有する金融資産及び運用不動産について、

　　A）アロケーション

　　B）そのアロケーションに対応する個別銘柄

を記述し、提案してください。

また、その運用ポートフォリオは、

　　C）個人保有か資産管理会社保有か

　　D）相続税納税資金の準備方法

を提案してください。

⒜　IPO（新規株式公開）

問題3 ▶解答例　Executive Summary　⒜　IPO（新規株式公開）

(1)　提案の前提、事業の現状

- IT事業を成長させるためには、優秀なコンサルタントやSEを獲得・確保・育成することが必要であるが、最近、IT業界の労働市場がひっ迫し、思うような人材を十分に採用できない。

- 成長の機会を逃さないために、早期にマザーズ上場を実現し、認知度を上げて、優秀な人材を確保する。

- 収益の柱であるモバイルセンサーアプリ事業及び法人向けセキュリティ事業の他に、データ解析、IoT事業を次の収益の柱となるように育成する必要がある。

●広次氏は、IPO後も、社長としてI&I社に留まり、経営陣をリードする。

(2)　将来のシナリオと提案する事業戦略

●I&I社が未上場のままでは、ブランド力、資金調達力の観点から成長シ
　ナリオを描くことが容易ではないため、IPOを行う。

●収益の柱であるモバイルセンサーアプリ事業及び法人向けセキュリ
　ティ事業の他に、データ解析、IoT事業を次の収益の柱となるように育
　成する必要がある。

(3)　提案するストラクチャー

●上場準備期間中に、広次氏の持株のうち2,500,000株を現物出資し、資
　産管理会社に移転する。なお、上場前に負担にならない範囲で、3人
　のお子様に資産管理会社の持分を暦年贈与することも有効である。

●IPOを行い、公募で4億円（募集株式数500,000株　発行価格870円（IPO
　ディスカウント率20％）、引受価格800円）を調達する。調達資金は、
　業容拡大のための投資資金及び運転資金とする。
　以下の株主は、現在保有株の20％を売出価格870円、引受価格800円）
　で売却する。
　資産管理会社500,000株、広次氏50,000株、柴田氏150,000株、岡田氏
　50,000株（VC2社の1,000,000株は、上場後6ヵ月程度のロックアップ
　期間経過後、市場で売却される。）

●資産管理会社には、税引後で約2.5億円の現金が入るが、I&I株式
　2,000,000株（約21.8億円）が資産の大半を占める。上場有価証券を担保
　に銀行借入ができるので、不動産や投資信託に投資し、徐々に資産に
　占める株式の割合が低くなるように持っていく。広次氏は50歳であり、
　相続までには、まだ十分な時間がある。

(4)　期待される効果

●納税準備資金の確保

●現状、相続が発生した場合、納税準備資金は足りているが、一次・二
　次相続税負担が5億3,000万円と重くなる。

➡ 一次相続：相続税 2 億7,000万円、納税準備資金10億2,000万円

➡ 二次相続：相続税 2 億6,000万円、納税準備資金 5 億8,000万円

●I&I株式を提案したスキームで上場した場合、資産管理会社を使っても相続評価額が30億円になるため、相続税は大幅に増加するが、納税準備資金はあまり増加しない。

➡ 一次相続：相続税 6 億円7,000万円、納税準備資金10億5,000万円（I&I株式を除く。）

➡ 二次相続：相続税 2 億円6,000万円、納税準備資金 5 億9,000万円（I&I株式を除く。）

★I&I株式を処分しなくとも、相続税に対する納税準備資金は十分であるため、裕子氏が趣味も含めた現状の生活水準を維持することができる。IPOを決断したのは、事業の成長を加速させることが目的であり、納税対策ではない。将来、I&I株式をファミリーで継続して保有するかどうかは、お子様の進路が見通せるような段階で決めても遅くはない。

(5) 資産運用の提案

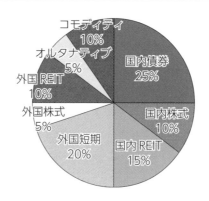

	アセットクラス	比率	商　品
1	国内債券	25%	個人向け国債（変動10年）
2	国内株式	10%	日経225連動型上場投資信託
3	国内REIT	15%	NEXT　FUNDS　東証REIT指数連動型上場投信
4	外国短期	20%	iシェアーズ　米国国債　1-3年　ETF
5	外国株式	5%	上場インデックスファンド米国株式（S&P500）
6	外国REIT	10%	SPDR　ダウ・ジョーンズREIT ETF
7	オルタナティブ	5%	SPDR　SSgA　マルチ・アセット・リアル・リターン　ETF
8	コモディティ	10%	SPDR　ゴールド・シェア
		100%	

(6)　運用戦略と運用方針

●現在の金融資産の資産配分は国内短期55％、国内債券15％、外国債券18％、外国株式12％。当該ポートフォリオの期待リターンは年率1.8％、リスク（標準偏差）は3.8％。金融資産は統計的に95％の確率で最大損失は4.5％以下と推定される。

●また、円資産投資比率が非常に高く、外貨への分散投資がなされておらず、ボラティリティーが低すぎると考えられる。

●IPO後に一次相続、二次相続が発生すると仮定した場合、一次相続6億7,000万円＋二次相続2億6,000万円＝9億3,000万円の相続税が発生するが、納税準備資金が一次相続時に10億5,000万円、二次相続時に5億9,000万円あり、納税準備資金に余裕があるため、標準型の運用とする。

●資産管理会社の評価の引下げのためには、現物株式以外の金融商品での運用が必要となる。資産管理会社の株式を処分しなくても納税できる想定なので、標準型の運用とする。

●金融資産を国内債券25％、国内株式10％、国内REIT15％、外国短期20％、外国株式5％、外国REIT10％、オルタナティブ5％、コモディティ10％の配分にすると、期待リターンは年率3.2％、リスク（標準偏差）は8.4％になる。

問題３▶解答例　サマリーを導くための検討過程、根拠等を示す資料
ⓐ　IPO（新規株式公開）

1．当政策書が実現しようとしているファイナンシャル・ゴール

■I&I社の今後の経営方針

　成長の機会を逃さないために、早期にマザーズ上場を実現し、認知度を上げて、優秀な人材を確保する。

■I&I社の所有の方針

　株価が高くなる前に、広次氏の持分の一部を新設する資産管理会社に移転する。IPOの売出・増資後に、資産管理会社の持分が1／3超（配当が全額非課税）になるようにする。

■ファミリーの目標

●広次氏は、IPO後も、社長としてI&I社に留まり、経営陣をリードする。

●さらに、ファミリー・ガバナンスを強化するため、ファミリー・ミッション・ステートメント、ファミリー会議などの仕組みを導入する。

2．ファイナンシャル・ゴールを達成するにあたってのご希望及び不安点

■事業に係る側面

　事業を成長させるためには、優秀なコンサルタントやSEを獲得・確保・育成することが必要であるが、最近、IT業界の労働市場がひっ迫し、思うような人材を十分に採用できない。

■ご家族に係る側面

　広次氏に万が一の事態が発生した場合でも、裕子氏が趣味も含めた現状の生活水準を維持することができ、3人のお子様も経済的自立を果たす。

■財産分散の側面・自社株の所有の側面

●ファミリーの資産が自社株に集中しているため、自社株価値変化の影響を受けやすい。

●広次氏が依然として自社株の55％を保有しているため、自社株承継が課題。

■相続税や納税準備の側面

　短期的に相続が発生した場合、納税は可能であるが、相続税負担が5億

3,000万円と重い。

■資産運用に係る側面

　現状のポートフォリオは円資産投資比率が非常に高く、外貨への分散投資がなされておらず、ボラティリティが低すぎると考えられる。

3．対策のご提案

■経営・事業戦略について

●I&I社が未上場のままでは、ブランド力、資金調達力の観点から成長シナリオを描くことが容易ではないため、IPOを行う。

●収益の柱であるモバイルセンサーアプリ事業及び法人向けセキュリティ事業の他に、データ解析、IoT事業を次の収益の柱となるように育成する必要がある。

■スキームの提案

●上場準備期間中に、広次氏の持株のうち2,500,000株を現物出資し、資産管理会社に移転する。なお、上場前に負担にならない範囲で、3人のお子様に資産管理会社の持分を暦年贈与することも有効である。

●IPOを行い、公募で4億円（募集株式数500,000株　発行価格870円（IPOディスカウント率20％）、引受価格800円）を調達する。調達資金は、業容拡大のための投資資金及び運転資金とする。

●以下の株主は、現在保有株の20％を売出価格870円、引受価格800円で売却する。

　資産管理会社500,000株、広次氏50,000株、柴田氏150,000株、岡田氏50,000株

　（VC2社の1,000,000株は、上場後6ヵ月程度のロックアップ期間経過後、市場で売却される。）

●資産管理会社には、税引後で約2.5億円の現金が入るが、I&I株式2,000,000株（約21.8億円）が資産の大半を占める。上場有価証券を担保に銀行借入ができるので、不動産や投資信託に投資し、徐々に資産に占める株式の割合が低くなるように持っていく。広次氏は50歳であり、相続までには、まだ十分な時間はある。

■現状資産の管理・運用について

● 提案したスキームでIPOが実現すると、広次氏が保有するI&I株式200,000株は2.2億円で評価されることになる。また、資産管理会社が保有するI&I株式2,000,000株も21.8億円で評価されることになり、相続税評価額は大幅にアップする。しかし、資産管理会社の純資産価額評価においては、I&I株式の含み益の37%に相当する部分約6.9億円が控除されるので、広次氏が直接保有する場合に比べて評価の面では有利となる。

● 将来において、資産管理会社の相続税評価額を下げるためには、提案したスキーム等を実行することによって、類似業種比準価額を利用できるように資産管理会社の資産内容の見直しも必要になる。

■納税準備資金について

● 現状、相続が発生した場合、納税準備資金は足りているが、一次・二次相続税負担が5億3,000万円と重くなる。

　➡一次相続：相続税2億7,000万円、納税準備資金10億2,000万円

　➡二次相続：相続税2億6,000万円、納税準備資金5億8,000万円

● I&I株式を提案したスキームで上場した場合、資産管理会社を使っても相続評価額が30億円になるため、相続税は大幅に増加するが、納税準備資金はあまり増加しない。

　➡一次相続：相続税6億円7,000万円、納税準備資金10億5,000万円（I&I株式を除く。）

　➡二次相続：相続税2億円6,000万円、納税準備資金5億9,000万円（I&I株式を除く。）

● I&I株式を処分しなくとも、相続税に対する納税準備資金は十分であるため、裕子氏が趣味も含めた現状の生活水準を維持することができる。IPOを決断したのは、事業の成長を加速させることが目的であり、納税対策ではない。将来、I&I株式をファミリーで継続して保有するかどうかは、お子様の進路が見通せるような段階で決めても遅くはない。

神野家のスリーサークル

神野家の「所有」「ファミリー」「事業経営」の課題は、以下のとおりと考えられる。

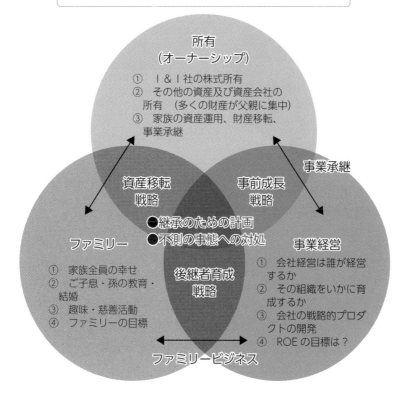

4．最適資産配分のご提案
■現在の資産配分

【現在】

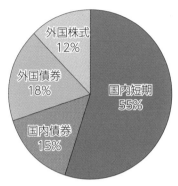

【モデル・ポートフォリオ】

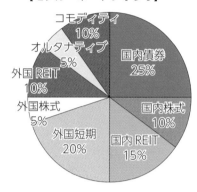

■現在の資産配分について

●現在の金融資産の資産配分は国内短期55％、国内債券15％、外国債券18％、外国株式12％。当該ポートフォリオの期待リターンは年率1.8％、リスク（標準偏差）は3.8％。金融資産は統計的に95％の確率で最大損失は4.5％以下と推定される。

●また、円資産投資比率が非常に高く、外貨への分散投資がなされておらず、ボラティリティが低すぎると考えられる。

●I&I株式の上場が成就すれば、金融資産が増加し、よりリスクを取った資産運用を行うことが可能になると考えられる。I&I株式については、経営に関与している以上、市場で自由に売買することはできないが、金融資産としての価値はある。

■最適資産配分について

●IPO後に一次相続、二次相続が発生すると仮定した場合、一次相続6億7,000万円＋二次相続2億6,000万円＝9億3,000万円の相続税が発生するが、納税準備資金が一次相続時に10億5,000万円、二次相続時に5億9,000万円あり、納税準備資金に余裕があるため、標準型の運用とする。

●資産管理会社の評価の引下げのためには、現物株式以外の金融商品での運用が必要となる。資産管理会社の株式を処分しなくても納税できる想定な

ので、標準型の運用とする。

●資金の使用目的により、運用方法や資産配分を変えることは、必ずしも効率的でない。しかし、行動ファイナンス的には、相続税の支払いに必要となる資金は、国内短期、債券など元本確保型のアセット・クラスの比重が高い、保守型や安定型のポートフォリオでの運用で資産を保全するのが安心という顧客も多い。顧客の心理を鑑み、ウエルス・マネジャーは、相続税の納税に必要な資金は保守型、安定型とし、残りをやや積極的なポートフォリオとすることも可能である。

●金融資産を国内債券25％、国内株式10％、国内REIT15％、外国短期20％、外国株式5％、外国REIT10％、オルタナティブ5％、コモディティ10％の配分にすると、期待リターンは年率3.2％、リスク（標準偏差）は8.4％になる。

■提案資産配分でのリスク・リターン特性

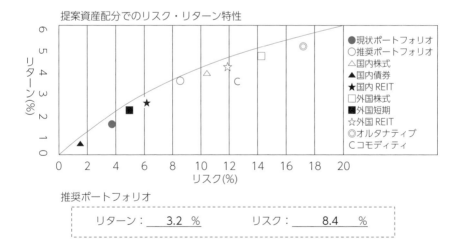

提案資産配分でのリスク・リターン特性

推奨ポートフォリオ

| リターン： | 3.2 ％ | リスク： | 8.4 ％ |

■リバランス方針

●ポートフォリオは少なくとも1年に1回、また株価下落や急騰などの相場急変により、各アセット・クラスで設定したリバランスの乖離許容幅を超えた場合は適時リバランスを実行。保有ポートフォリオのリスク特性を保

ち、保守的なリスク許容度に合致するアセット・アロケーションを維持する。

５．資産配分案を実現するための商品のご提案

流動性を確保する観点から、純資産額の多い投資信託などに投資を行う。

国内債券	個人向け国債（変動10年）
国内株式	日経225連動型上場投資信託
国内REIT	NEXTFUNDS東証REIT指数連動型上場投信
外国短期	iシェアーズ米国国債１－３年ETF
外国REIT	VanguardREITETF
外国株式	SPDRS&P500ETF
オルタナティブ	SPDRSSgAマルチ・アセット・リアル・リターンETF
コモディティ	SPDRゴールド・シェア

6. 参考資料

(1) 神野ファミリー相続税

一次相続税（現状）

（単位：千円）

		合　計	裕子	太一	敦之	景子
居住用不動産	自宅土地	4,120	2,060	687	687	687
	自宅家屋	22,000	11,000	3,667	3,667	3,667
自社株	㈱I&I	434,500	217,250	72,417	72,417	72,417
金融資産①	預貯金	55,000	27,500	9,167	9,167	9,167
	国内債券	15,000	7,500	2,500	2,500	2,500
	外国債券	18,002	9,001	3,000	3,000	3,000
	外国株式	12,019	6,010	2,003	2,003	2,003
生命保険（個人）②	終身保険	15,000	15,000			
	定期保険	100,000	100,000			
	定期保険	100,000	100,000			
死亡退職金③		700,000	350,000	116,667	116,667	116,667
保険金の非課税限度額		−20,000	−20,000			
死亡退職金の非課税限度額		−20,000	−10,000	−3,333	−3,333	−3,333
課税価格		1,435,641	815,321	206,774	206,774	206,774
基礎控除額		−54,000				
課税遺産総額		1,381,641				
法定相続割合		100%	50.00%	16.7%	16.7%	16.7%
法定相続金額		1,381,641	690,820	230,273	230,273	230,273
相続税の総額		537,820	307,951	76,623	76,623	76,623
按分割合		100%	56.79%	14.4%	14.4%	14.4%
各人の相続税額		537,820	305,435	77,461	77,461	77,461
配偶者の税額軽減額			−268,910			
未成年控除					−200	−400
相続税額A		268,310	36,525	77,461	77,261	77,061
相続税納税準備資金（①〜③）B		1,015,021	615,011	133,337	133,337	133,337
相続税支払余力（B−A）		746,711	578,485	55,875	56,075	56,275

二次相続税（現状）

（単位：千円）

		合　計	太一	敦之	景子
居住用不動産	自宅土地	2,060	687	687	687
	自宅家屋	11,000	3,667	3,667	3,667
自社株	㈱I&I	217,250	72,417	72,417	72,417
	預貯金	25,866	8,622	8,622	8,622
金融資産①	国内債券	7,054	2,351	2,351	2,351
	外国債券	8,466	2,822	2,822	2,822
	外国株式	5,652	1,884	1,884	1,884
	終身保険	14,109	4,703	4,703	4,703
生命保険（個人）②	定期保険	94,061	31,354	31,354	31,354
	定期保険	94,061	31,354	31,354	31,354
死亡退職金③		329,213	109,738	109,738	109,738
課税価格		808,792	269,597	269,597	269,597
基礎控除額		−48,000			
課税遺産総額		760,792			
法定相続割合		100%	33.3%	33.3%	33.3%
法定相続金額		760,792	253,597	253,597	253,597
相続税の総額		261,357	87,119	87,119	87,119
按分割合		100%	33.33%	33.33%	33.33%
各人の相続税額		261,357	87,119	87,119	87,119
相続税額A		261,357	87,119	87,119	87,119
相続税納税準備資金（①～③）B		578,482	192,827	192,827	192,827
相続税支払余力（B−A）		317,125	105,708	105,708	105,708

(2)　I&I社　自社株評価

I&I株式の相続税評価額（規模は大会社）

A．類似業種比準方式

類似業種比準方式の算定式

$$A \times \left(\cfrac{\cfrac{b}{B} \;+\; \cfrac{c}{C} \;+\; \cfrac{d}{D}}{3} \right) \times 大会社0.7$$

（b：配当）　（c：利益）　（d：簿価純資産）

　A：上場企業の業種別平均株価

　b、c、d：評価会社の1株あたりの金額

　B、C、D：上場企業の業種別1株あたり金額

1．1株あたりの資本金等の額等の計算

①　直前期末の資本金等の額（円）	②　直前期末の発行済株式数（株）	③　直前期末の自己株式数（株）	④　1株あたりの資本金の額（円）（①÷（②－③））（円）	⑤　1株あたりの資本金等の額を50円とした場合の発行済み株式数（株）
82,450,000	5,000,000	0	16	1,649,000

2．類似業種比準価額の計算

類似業種	ソフトウェア業	
類似業種の株価	月	株価（円）
ア．課税時期の属する月	2月	503
イ．課税時期の属する月の前月	1月	486
ウ．課税時期の属する月の前々月	12月	441
エ．前年平均株価		403
オ．課税時期の属する月以前2年間の平均株価		413
A（ア～オのうち　最も低いもの）		403

Ⓐ　1株あたりの比準価額（円）　213

ソフトウェア業55

比準割合の計算						
区分	1株（50円）あたりの年配当金額（円）		1株（50円）あたりの年利益金額（円）		1株（50円）あたりの純資産価額	
評価会社*	b	0	c	158	d	504
類似業種	B	5	C	35	D	195
要素別比準割合	b/B	0.00	c/C	4.51	d/D	2.58
H.比準割合	b/B＋c/C＋d/D ＝2.36					
1株（50円）あたりの比準価額	A ×H×0.7＝665.7					

＊50円あたりの株数（実際の株数と異なる場合もある）で算定することに注意

B. 純資産価額方式

純資産価額方式の算定式入力項目

1株あたりの純資産価額＝（相続税評価額により計算した総資産価額－相続税評価額により計算した負債の額－評価差額に対する法人税額等相当額*）÷課税時期における発行済株式数

＊評価差額に対する法人税額相当額＝（相続税評価額による純資産価額－帳簿価額による純資産価額）×37%

（単位：千円*）

	資産の部	負債の部
相続税評価額	1,459,810	668,030
帳簿価額	1,499,128	668,030

＊千円未満切り捨て

Ⓑ　1株あたりの純資産価額（円）　　　　　　158

Ⓒ　1株当たりの価額（円）　　　　　　　　　158
　　（Ⓐ×0.5＋B×0.5とⒷの低い方）

Ⓓ　株式の評価額（円）　　　　790,000,000（Ⓒ×株数）

I&I株式の法人税法上の時価（規模は小会社）

A．類似業種比準方式

類似業種比準方式の算定式

$$A \times \left(\cfrac{\cfrac{b}{B} + \cfrac{c}{C} + \cfrac{d}{D}}{3} \right) \times 小会社0.5$$

（配当）（利益）（簿価純資産）

A：上場企業の業種別平均株価

b、c、d：評価会社の1株あたりの金額

B、C、D：上場企業の業種別1株あたり金額

1．1株あたりの資本金等の額等の計算

① 直前期末の資本金等の額（円）	② 直前期末の発行済株式数（株）	③ 直前期末の自己株式数（株）	④ 1株あたりの資本金の額（円）(①÷(②−③))（円）	⑤ 1株あたりの資本金等の額を50円とした場合の発行済み株式数（株）
82,450,000	5,000,000	0	16	1,649,000

2．類似業種比準価額の計算

類似業種	ソフトウェア業	
類似業種の株価	月	株価（円）
ア．課税時期の属する月	2月	503
イ．課税時期の属する月の前月	1月	486
ウ．課税時期の属する月の前々月	12月	441
エ．前年平均株価		403
オ．課税時期の属する月以前2年間の平均株価		413
A（ア〜オのうち　最も低いもの）		403

Ⓐ　1株あたりの比準価額（円）　152

ソフトウェア業55

比準割合の計算						
区分	1株（50円）あたりの年配当金額（円）		1株（50円）あたりの年利益金額（円）		1株（50円）あたりの純資産価額	
評価会社*	b	0	c	158	d	504
類似業種	B	5	C	35	D	195
要素別比準割合	b/B	0.00	c/C	4.51	d/D	2.58
H.比準割合	b/B＋c/C＋d/D ＝2.36					
1株（50円）あたりの比準価額	A ×H×0.5＝475.5					

＊50円あたりの株数（実際の株数と異なる場合もある）で算定することに注意

B. 純資産価額方式

純資産価額方式の算定式入力項目

1株あたりの純資産価額＝（相続税評価額により計算した総資産価額－相続税評価額により計算した負債の額－評価差額に対する法人税額等相当額*）÷課税時期における発行済株式数

＊評価差額に対する法人税額相当額＝（相続税評価額による純資産価額－帳簿価額による純資産価額）×37％

（単位：千円*）

	資産の部	負債の部
相続税評価額	1,459,810	668,030
帳簿価額	1,499,128	668,030

＊千円未満切り捨て

Ⓑ 1株あたりの純資産価額（円） 158

Ⓒ 1株当たりの価額（円） 155

（Ⓐ×0.5＋B×0.5とⒷの低い方）

Ⓓ 株式の評価額（円） 775,000,000 （Ⓒ×株数）

(b)　PE（プライベート・エクイティ）ファンドへの売却

問題3▶解答例　Executive Summary
(b)　PE（プライベート・エクイティ）ファンドへの売却

(1)　提案の前提、事業の現状

●IT業界は人材獲得競争によるコスト高などにより、競争が激化しており、単独では持続可能な成長シナリオを描くことが困難になりつつある。

●長男の太一氏、次男の敦之氏は大学生で、現状は後継者としての適格性を満たしていないため、後継者となる経営者を確保する必要がある。

●PE（プライベート・エクイティ）ファンドが買収に興味を示している。

●PE（プライベート・エクイティ）ファンドと企業価値向上に取り組むことにより、さらなる成長シナリオを描くことができる。

(2)　将来のシナリオと提案する事業戦略

●I&I社単独では成長シナリオを描くことが困難であるため、PE（プライベート・エクイティ）ファンドからの51％買収オファーを受け入れ、I&I株式を売却する。

●I&I社がPE（プライベート・エクイティ）ファンドの子会社になり、協業を進めることにより、シナジーを発揮し、再度成長軌道に乗せていく。

●PE（プライベート・エクイティ）ファンドの傘下に入った後、同業他社や次のファンドへの売却、国内IPOなどのイグジットが考えられる。

(3)　提案するストラクチャー

●I&I株式を売却した後（その他株主から優先的に売却し、広次氏は49％を保有）、広次氏のI&I株式売却対価1億2,000万円（税引後）で、投資用マンションを購入し、小規模宅地等の特例（貸付事業用宅地）を活用する（相続税評価は2,000万円と想定）。

　➡自宅マンションは土地持分が16㎡程度であるため、小規模宅地等の特例の上限330㎡の5％程度しか利用していないため、貸付事業用宅地は200㎡×95％＝190㎡程度まで活用可能

●ファミリーオフィスの運営も支援する。

●お子様への生前贈与（現状は暦年贈与のみ活用可能）を組み合わせる
ことも考えられる。

(4) 期待される効果

●納税準備資金の確保

① 現状、相続が発生した場合、納税準備資金は足りていますが、一次・
二次相続税負担が5億3,000万円と重くなる。

➡一次相続：相続税2億7,000万円、納税準備資金10億2,000万円、二次
相続：相続税2億6,000万円、納税準備資金5億8,000万円

② I&I株式を売却した場合、売却対価は相続税評価が100％になります
が、広次氏保有の49％持分は配当還元方式による評価になるため、相
続税は1億3,000万円減少し、相続税納税準備資金は増加する。

➡一次相続：相続税2億円、納税準備資金11億4,000万円、二次相続：
相続税2億円、納税準備資金6億4,000万円

③ I&I株式売却対価1億2,000万円（税引後）で投資用マンション（小規
模宅地等の特例を適用後の相続税評価は2,000万円と想定）を購入した
場合、②のケースに比べて、相続税を4,000万円減らすことができる。

➡一次相続：相続税1億8,000万円、納税準備資金10億2,000万円、二次
相続：相続税1億8,000万円、納税準備資金5億8,000万円

★広次氏に万が一の事態が発生した場合でも、相続税に対する納税
準備資金は十分であるため、裕子氏が趣味も含めた現状の生活水
準を維持することができる。また、3人のお子様が経済的自立を
果たすため、将来的にMBAなどの海外大学院へ留学させることも
可能と考えられる。

(5) 資産運用の提案

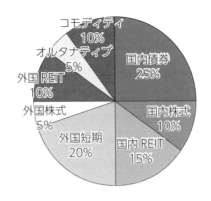

	アセットクラス	比率	商　品
1	国内債券	25%	個人向け国債（変動10年）
2	国内株式	10%	日経225連動型上場投資信託
3	国内REIT	15%	NEXT　FUNDS　東証REIT指数連動型上場投信
4	外国短期	20%	iシェアーズ　米国国債　1－3年　ETF
5	外国株式	5%	上場インデックスファンド米国株式（S&P500）
6	外国REIT	10%	SPDR　ダウ・ジョーンズREIT ETF
7	オルタナティブ	5%	SPDR　SSgA　マルチ・アセット・リアル・リターン　ETF
8	コモディティ	10%	SPDR　ゴールド・シェア
		100%	

(6) 運用戦略と運用方針

●現在の金融資産の資産配分は国内短期55％、国内債券15％、外国債券18％、外国株式12％。当該ポートフォリオの期待リターンは年率1.8％、リスク（標準偏差）は3.8％。金融資産は統計的に95％の確率で最大損失は4.5％以下と推定される。

●また、円資産投資比率が非常に高く、外貨への分散投資がなされておらず、ボラティリティが低すぎると考えられる。

- I&I株式の売却により、相続税の減少、相続税に対する納税準備資金が改善されるため、よりリスクを取った資産運用を行うことが可能になると考えられる。

- 対策後に一次相続、二次相続が発生すると仮定した場合、一次相続1億8,000万円＋二次相続1億8,000万円＝3億6,000万円の相続税が発生するが、納税準備資金が一次相続時に10億2,000万円、二次相続時に5億8,000万円あり、納税準備資金に余裕があるため、標準型の運用とする。

- 金融資産を国内債券25％、国内株式10％、国内REIT15％、外国短期20％、外国株式5％、外国REIT10％、オルタナティブ5％、コモディティ10％の配分にすると、期待リターンは年率3.2％、リスク（標準偏差）は8.4％になる。

問題3▶解答例　サマリーを導くための検討過程、根拠等を示す資料
⒝　PE（プライベート・エクイティ）ファンドへの売却

1．当政策書が実現しようとしているファイナンシャル・ゴール
■I&I社の今後の経営方針

　外資系ファンドに51％の持分を売却（広次氏以外の株主が優先的に売却を行い、広次氏は49％を保有）するとともに経営人材を受け入れ、売却後7年の間に適格なアライアンス・パートナーへの譲渡またはIPOを目指す。また、同業他社でシナジーが発揮できる会社とアライアンスを行う。

■I&I社の所有の方針

　人材獲得競争によるコスト高などにより、単独では成長シナリオを描くことが困難である。また、潜在価値が未実現のままである。したがって、成長を継続し、潜在価値を実現するため、PE（プライベート・エクイティ）ファンドの買収オファーを受け入れ、I&I株式の51％売却を行う。

■ファミリーの目標

- 広次氏は、I&I株式売却後も、社長としてI&Iに留まり、ファンドからの取締役2名を加えた新経営陣をリードする。実質的経営権はPE（プライ

ベート・エクイティ）ファンドに委譲するが、49％を保有し、その後の企業価値向上に伴う果実を享受する。

●I&I株式の売却対価で投資用マンションを購入する（小規模宅地等の特例を活用）。残りのI&I株式の評価は配当還元方式になり、大幅に下がる。

●さらに、ファミリー・ガバナンスを強化するため、ファミリー・ミッション・ステートメント、ファミリー会議などの仕組みを導入する。

2．ファイナンシャル・ゴールを達成するにあたってのご希望及び不安点

■事業に係る側面

●人材獲得競争によるコスト高などにより、成長の持続可能性が損なわれているため、維持可能な成長軌道に乗せる。

●PE（プライベート・エクイティ）ファンドからのM&Aオファーを受け入れるべきか。

■ご家族に係る側面

　広次氏に万が一の事態が発生した場合でも、裕子氏が趣味も含めた現状の生活水準を維持することができ、3人のお子様も経済的自立を果たす。

■財産分散の側面・自社株の所有の側面

●ファミリーの資産が自社株に集中しているため、自社株価値変化の影響を受けやすい。

●広次氏が依然として自社株の55％を保有しているため、自社株承継が課題。

■相続税や納税準備資金の側面

　短期的に相続が発生した場合、納税は可能であるが、相続税負担が5億3,000万円と重い。

■資産運用に係る側面

　現状のポートフォリオは円資産投資比率が非常に高く、外貨への分散投資がなされておらず、ボラティリティが低すぎると考えられる。

3．対策のご提案

■経営・事業戦略について

●I&I社単独では持続可能な成長シナリオを描くことが困難であるため、PE

（プライベート・エクイティ）ファンドからの51％買収オファーを受け入れ、I&I株式を売却する。

● I&I社がPE（プライベート・エクイティ）ファンドの子会社になり、PE（プライベート・エクイティ）ファンドとの協業を進めることにより、シナジーを発揮し、持続可能な成長を実現する。

■ スキームの提案

● I&I株式を売却した後（その他株主から優先的に売却し、広次氏は49％を保有）、広次氏のI&I株式売却対価1億2,000万円（税引後）で、投資用マンションを購入し、小規模宅地等の特例（貸付事業用宅地）を活用する（相続税評価は2,000万円と想定）。

➡ 自宅マンションは土地持分が16㎡程度であるため、小規模宅地等の特例の上限330㎡の5％程度しか利用していないため、貸付事業用宅地は200㎡×95％＝190㎡程度まで活用可能。

● ファミリーオフィスの運営も支援。

● お子様への生前贈与（現状は暦年贈与のみ活用可能）を組み合わせることも考えられる。

■ 現状資産の管理・運用について

● I&I株式を売却した場合、広次氏に税引後の手取で1億2,000万円のキャッシュが入り、キャッシュは100％の相続税評価になるため、相続税負担が重くなる。

● I&I株式売却対価で、投資用マンションを購入し、小規模宅地等の特例（貸付事業用宅地）を活用することが考えられる。

● 相続税評価は2,000万円と想定。

■ 納税準備資金について

● 現状、相続が発生した場合、納税準備資金は足りているが、一次・二次相続税負担が5億3,000万円と重くなる。

➡ 一次相続：相続税2億7,000万円、納税準備資金10億2,000万円
➡ 二次相続：相続税2億6,000万円、納税準備資金5億8,000万円

● I&I株式を売却した場合、売却対価は相続税評価が100％になるが、広次氏保有の49％持分は配当還元方式による評価になるため、相続税は1億3,000

万円減少し、相続税納税準備資金は増加する。

➡️一次相続：相続税2億円、納税準備資金11億4,000万円

➡️二次相続：相続税2億円、納税準備資金6億4,000万円

●I&I株式売却対価1億2,000万円（税引後）で投資用マンション（小規模宅地等の特例適用後の相続税評価は2,000万円と想定）を購入した場合、相続税をさらに4,000万円減らすことができる。

➡️一次相続：相続税1億8,000万円、納税準備資金10億2,000万円

➡️二次相続：相続税1億8,000万円、納税準備資金5億8,000万円

●広次氏に万が一の事態が発生した場合でも、相続税に対する納税準備資金は十分であるため、裕子氏が趣味も含めた現状の生活水準を維持することができる。また、3人のお子様が経済的自立を果たすため、将来的にMBAなどの海外大学院へ留学させることも可能と考えられる。

神野家のスリーサークル

（P.115参照）

4．最適資産配分のご提案

（以下を除き、P.117～P.118参照）

■最適資産配分について

●対策後に一次相続、二次相続が発生すると仮定した場合、一次相続1億8,000万円＋二次相続1億8,000万円＝3億6,000万円の相続税が発生するが、納税準備資金が一次相続時に10億2,000万円、二次相続時に5億8,000万円あり、納税準備資金に余裕があるため、標準型の運用とする。

5．資産配分案を実現するための商品のご提案

（P.118参照）

6．参考資料

（P.119～P.124参照）

⒞ M&A（同業他社への売却）

問題3 ▶ 解答例　Executive Summary
⒞　M&A（同業他社への売却）

⑴　提案の前提、事業の現状

- ●IT業界は人材獲得競争によるコスト高などにより、競争が激化しており、単独では持続可能な成長シナリオを描くことが困難になりつつある。
- ●長男の太一氏、次男の敦之氏は大学生で、現状は後継者としての適格性を満たしていないため、後継者となる経営者を確保する必要がある。
- ●同業他社が買収に興味を示している。
- ●同業他社との再編を通じた企業価値向上に取り組むことにより、さらなる成長シナリオを描くことができる。

⑵　将来のシナリオと提案する事業戦略

- ●I&I社単独では持続可能な成長シナリオを描くことが困難であるため、同業他社からの100％買収オファーを受け入れ、I&I株式を売却する。
- ●I&I社が同業他社の完全子会社になり、協業を進めることにより、シナジーを発揮し、再度成長軌道に乗せていく。
- ●同業他社の傘下に入った後、将来的に同業他社と合併することも考えられる。

⑶　提案するストラクチャー

- ●I&I株式を売却した後、資産管理会社を設立し、広次氏のI&I株式売却対価30億7,000万円を資産管理会社に移転する。
- ●資産管理会社の1株あたり利益は1円、1株あたり配当は0円（いずれも額面50円換算）になるようにする。
  - ➡生命保険、リース、退職金などの費用計上による
- ●ファミリーオフィスの運営も支援する。
- ●売却資金は金融資産などで運用する。

(4)　期待される効果

●納税準備資金の確保

①　現状、相続が発生した場合、納税準備資金は足りているが、一次・二次相続税負担が5億3,000万円と重くなる。

➡一次相続：相続税2億7,000万円、納税準備資金10億2,000万円、二次相続：相続税2億6,000万円、納税準備資金5億8,000万円

②　I&I株式を売却した場合、売却対価は相続税評価が100％になるため、相続税は13億6,000万円増加し、相続税納税準備資金も増加する。

➡一次相続：相続税9億6,000万円、納税準備資金40億9,000万円、二次相続：相続税9億3,000万円、納税準備資金21億2,000万円

③　資産管理会社を設立し、広次氏のI&I株式売却対価30億7,000万円を資産管理会社に移転することにより、②のケースに比べて、相続税を5億6,000万円減らすことができる。

➡一次相続：相続税6億8,000万円、納税準備資金40億9,000万円、二次相続：相続税6億5,000万円、納税準備資金21億2,000万円

④　③に加えて、お子様3人に年間1,110万円の資産（主に資産管理会社持分）を20年間贈与することにより、③のケースに比べて、贈与税・相続税合計を2億円減らすことができる。

➡一次相続：相続税5億1,000万円、贈与税1億3,000万円、納税準備資金39億6,000万円、二次相続：相続税4億9,000万円、納税準備資金19億9,000万円

★広次氏に万が一の事態が発生した場合でも、相続税に対する納税準備資金は十分であるため、裕子氏が趣味も含めた現状の生活水準を維持することができる。また、3人のお子様が経済的自立を果たすため、将来的にMBAなどの海外大学院へ留学させることも可能と考えられる。

(5) 資産運用の提案

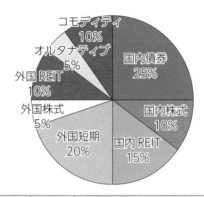

	アセットクラス	比率	商　品
1	国内債券	25%	個人向け国債（変動10年）
2	国内株式	10%	日経225連動型上場投資信託
3	国内REIT	15%	NEXT　FUNDS　東証REIT指数連動型上場投信
4	外国短期	20%	iシェアーズ　米国国債　1−3年　ETF
5	外国株式	5%	上場インデックスファンド米国株式（S&P500）
6	外国REIT	10%	SPDR　ダウ・ジョーンズREIT ETF
7	オルタナティブ	5%	SPDR　SSgA　マルチ・アセット・リアル・リターン　ETF
8	コモディティ	10%	SPDR　ゴールド・シェア
		100%	

(6) 運用戦略と運用方針

●現在の金融資産の資産配分は国内短期55％、国内債券15％、外国債券18％、外国株式12％。当該ポートフォリオの期待リターンは年率1.8％、リスク（標準偏差）は3.8％。金融資産は統計的に95％の確率で最大損失は4.5％以下と推定される。

●また、円資産投資比率が非常に高く、外貨への分散投資がなされておらず、ボラティリティが低すぎると考えられる。

- I&I株式の売却により、相続税の減少、相続税に対する納税準備資金が改善されるため、よりリスクを取った資産運用を行うことが可能になると考えられる。
- 対策後に一次相続、二次相続が発生すると仮定した場合、一次相続5億1,000万円＋二次相続4億9,000万円＝10億円の相続税が発生するが、納税準備資金が一次相続時に39億6,000万円、二次相続時に19億9,000万円あり、納税準備資金に余裕があるため、標準型の運用とする。
- 金融資産を国内債券25％、国内株式10％、国内REIT15％、外国短期20％、外国株式5％、外国REIT10％、オルタナティブ5％、コモディティ10％の配分にすると、期待リターンは年率3.2％、リスク（標準偏差）は8.4％になる。

問題3 ▶解答例　サマリーを導くための検討過程、根拠等を示す資料
ⓒ　M&A（同業他社への売却）

1．当政策書が実現しようとしているファイナンシャル・ゴール
■I&I社の今後の経営方針

　シナジーを発揮することができる同業他社に100％の持分を売却するとともに経営人材を受け入れ、企業価値の向上を目指す。

■I&I社の所有の方針

　単独では持続可能な成長シナリオを描くことが困難である。また、潜在価値が未実現のままである。したがって、成長を継続し、潜在価値を実現するため、同業他社の買収オファーを受け入れ、I&I株式の100％売却を行う。

■ファミリーの目標

- 広次氏は、I&I株式売却後は、会長や顧問として、新経営陣をサポートする。実質的経営権は同業他社に委譲する。将来的には、妻裕子氏と余生を謳歌、ゴルフ、海外旅行等を楽しみ、健康で精神的にも豊かな生活を送る。
- I&I株式の売却対価は資産管理会社を設立し、運用する。
- さらに、ファミリー・ガバナンスを強化するため、ファミリー・ミッション・ステートメント、ファミリー会議などの仕組みを導入する。

2．ファイナンシャル・ゴールを達成するにあたってのご希望及び不安点

■事業に係る側面

●人材獲得競争によるコスト高などにより、成長の持続可能性が損なわれているため、維持可能な成長軌道に乗せる。

●同業他社からのM&Aオファーを受け入れるべきか。

■ご家族に係る側面

　広次氏に万が一の事態が発生した場合でも、裕子氏が趣味も含めた現状の生活水準を維持することができ、3人のお子様も経済的自立を果たす。

■財産分散の側面・自社株の所有の側面

●ファミリーの資産が自社株に集中しているため、自社株価値変化の影響を受けやすい。

●広次氏が依然として自社株の55%を保有しているため、自社株承継が課題。

■相続税や納税準備の側面

　短期的に相続が発生した場合、納税は可能であるが、相続税負担が5億3,000万円と重い。

■資産運用に係る側面

　現状のポートフォリオは円資産投資比率が非常に高く、外貨への分散投資がなされておらず、ボラティリティが低すぎると考えられる。

3．対策のご提案

■経営・事業戦略について

●I&I社単独では持続的な成長シナリオを描くことが困難であるため、同業他社からの100%買収オファーを受け入れ、I&I株式を売却する。

●I&I社が同業他社の子会社になり、同業他社の協業を進めることにより、シナジーを発揮し、持続可能な成長軌道に乗せる。

■スキームの提案

●I&I株式を売却した後、資産管理会社を設立し、広次氏のI&I株式売却対価30億7,000万円を資産管理会社に移転する。

●資産管理会社の1株あたり利益は1円、1株あたり配当は0円（いずれも額面50円換算）になるようにする。

　➡生命保険、リース、退職金などの費用計上による。

●ファミリーオフィスの運営も支援。

●売却資金は金融資産などで運用。

■現状資産の管理・運用について

●I&I株式を売却した場合、広次氏に税引後の手取で30億7,000万円のキャッシュが入り、キャッシュは100％の相続税評価になるため、相続税負担が重くなる。

●資産管理会社を設立し、キャッシュ、金融資産などの相続税評価額が高くなる資産を資産管理会社に移転することが考えられる。

■納税準備資金について

① 現状、相続が発生した場合、納税準備資金は足りているが、一次・二次相続税負担が5億3,000万円と重くなる。

　➡一次相続：相続税2億7,000万円、納税準備資金10億2,000万円

　➡二次相続：相続税2億6,000万円、納税準備資金5億8,000万円

② I&I株式を売却した場合、売却対価は相続税評価が100％になるため、相続税は13億6,000万円増加し、相続税納税準備資金も増加する。

　➡一次相続：相続税9億6,000万円、納税準備資金40億9,000万円

　➡二次相続：相続税9億3,000万円、納税準備資金21億2,000万円

③ 資産管理会社を設立し、広次氏のI&I株式売却対価30億7,000万円を資産管理会社に移転することにより、②のケースに比べて、相続税を5億6,000万円減らすことができる。

　➡一次相続：相続税6億8,000万円、納税準備資金40億9,000万円

　➡二次相続：相続税6億5,000万円、納税準備資金21億2,000万円

④ ③に加えて、お子様3人に年間1,110万円の資産（主に資産管理会社持分）を20年間贈与することにより、③のケースに比べて、贈与税・相続税合計を2億円減らすことができる。

　➡一次相続：相続税5億1,000万円、贈与税1億3,000万円、納税準備資金39億6,000万円

　➡二次相続：相続税4億9,000万円、納税準備資金19億9,000万円

●広次氏に万が一の事態が発生した場合でも、相続税に対する納税準備資金

は十分であるため、裕子氏が趣味も含めた現状の生活水準を維持することができる。また、3人のお子様が経済的自立を果たすため、将来的にMBAなどの海外大学院へ留学させることも可能と考えられる。

神野家のスリーサークル

（P.115参照）

4．最適資産配分のご提案

（以下を除き、P.117～P.118参照）

■最適資産配分について

●対策後に一次相続、二次相続が発生すると仮定した場合、一次相続5億1,000万円＋二次相続4億9,000万円＝10億円の相続税が発生するが、納税準備資金が一次相続時に39億6,000万円、二次相続時に19億9,000万円あり、納税準備資金に余裕があるため、標準型の運用とする。

5．資産配分案を実現するための商品のご提案

（P.118参照）

6．参考資料

（P.119～P.124参照）

ケーススタディ3　『赤門アカデミー』

同族内に後継者のいない事業承継

◩　貴方への課題

　プライベートバンカーである貴方に、首都圏を中心に展開する学習塾の
オーナーから、事業・資産承継のアドバイザー選定のためのセレクションに
声がかかった。

　顧客の事前情報（ケース）をもとに、

【問1】現状分析と課題整理を行い、
【問2】ソリューションの方向性を決め、
【問3】投資政策書を作成すること。

　投資政策書の作成にあたっては、顧客である山室ファミリーの立場に立っ
て、顧客のあらゆる部分に目配りした「全体最適」の提案を行うこと。

◪　対象とする具体的ケース

　プライベートバンカーはまず対象顧客の特性、考え方ないし希望、富の形
成過程、財務状況、事業の状況、家族の状況等を把握し、顧客との間にしっ
かりした信認関係を築くことが基本である。ここでは、これらの情報を所与
のものとして以下にファミリーの姿を示している。

(1)　家族構成

- ●山室　正隆　　70歳　（主人公）
- ●山室　清子　　67歳　妻
- ●山室　正弘　　40歳　長男
- ●山室　美佐紀　35歳　長男妻
- ●山室　正樹　　5歳　孫
- ●山室　楓　　　2歳　孫

●島村　景子　37歳　長女
●島村　大介　39歳　長女夫
●島村　淳也　7歳　孫
●島村　愛梨　3歳　孫

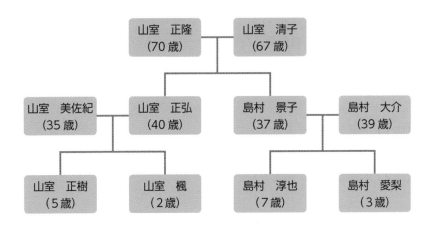

(2)　登場人物　金融機関及びコンサル会社

＜M銀行＞

高橋翔太　30歳　M銀行本郷支店　赤門アカデミー担当

飯塚隼　54歳　M銀行本郷支店　支店長

学習塾業界における再編が活発化しているため、赤門アカデミーのM&Aによる売却、売却資金の運用受託を考えている。

＜N証券（M銀行系列）＞

太田陽一　45歳　ファイナンシャル・アドバイザー

山室家も含めた富裕層顧客を担当。

シニアPB資格取得者。

＜PE（プライベート・エクイティ）ファンドA＞

奥原健三　50歳　代表

赤門アカデミーに取締役2人を送り込み、51％以上の株

式をEV/EBITDA倍率7倍で買収し、7年間のうちに同
業他社への譲渡かIPOによるイグジットを提案。

＜大野公認会計士・税理士事務所＞

大野卓也　70歳　正隆氏のA中・高・T大時代の同級生。大手監査法人の
代表社員を務めた後、独立し、赤門アカデミー、山室一
家の確定申告を担当。上場企業などの複数社の社外役員
も務める。

＜税理士法人萩野＆パートナーズ＞

萩野航平　50歳　公認会計士15人、税理士10人、その他職員50人を擁する
税理士法人の代表社員。
事業承継、資産管理を得意とする。
ファミリーオフィス総合研究所を抱え、超富裕層向けの
コンサルティングも行っている。

(3)　山室正隆氏の略歴

①　生い立ち

　赤門ゼミナール創業者の山室正隆氏は大企業サラリーマンの家庭で生まれ
育った。実家は東急田園都市線の用賀（東京都世田谷区）のマンションであ
る。用賀は渋谷から約12分、都心からの交通至便で閑静な住宅地として知ら
れている。都内屈指の公園の1つである砧公園からも徒歩20分であり、子供
の頃から親に連れて行ってもらって遊んだり、ランニングをしたり、桜の季
節の花見など、思い出は尽きることがない。

　正隆氏の父親は大企業において、学歴社会を身にしみて実感していたた
め、正隆氏の教育には力を入れ、幼児の頃からそろばん教室に通わせた。正
隆氏はそろばん教室で段位を獲得するなど、早くから神童ぶりを発揮し、小
学校4年生からは塾に通った。塾でも優秀な成績を修め、T大付属K中学や
K中学合格確実と言われながら、進学したのはA中学校である。

　正隆氏自身も小学校6年生の春まではT大付属K中学かK中学に合格・進
学することを最大の目標にしていた。A中学第一志望の友人に誘われ、勉強
の息抜きに5月に麻布にあるA中・高の文化祭に訪れた。頭でっかちなオタ

ク集団をイメージしていたのだが、見事に裏切られた。このような自由闊達な校風の学校で中・高時代を過ごしたいとの湧き上がるような思いに駆られるに至った。

　A中学・高校は校則がない自由闊達な校風で、文化祭では、自分たちで委員会を立ち上げて、予算を生徒達自身の手で管理する。首相をはじめ多くの有名人も輩出している。正隆氏は文化祭の委員長を務め、リーダーとして、チーム・メンバーをまとめ、プロジェクトを成功に導く楽しさを知った。正隆氏の起業家としての原点は、A中・高の校風・文化祭にあることは間違いない。

　正隆氏はT大学法学部に進学。大学時代は、講義よりも学習塾と家庭教師のアルバイトに打ち込んだ。当初は生活費を稼ぐ目的で始めたが、教えた生徒の成績が目に見えて上がるのが楽しく、合格実績にも結び付いた。

　自宅は港区元麻布の一戸建てである。A中・高で、友人と麻布周辺で過ごした時間が良い思い出である。昔は南北線・大江戸線の麻布十番駅はなく、陸の孤島で、知る人ぞ知る存在であった。最近では、電車に乗って、あげもち屋の揚げ餅、豆源の豆菓子、浪花家総本店のたい焼き、サンモリッツ名花堂のシベリヤを食べに来る人もいるらしいが、隔世の感がある。

　六本木ヒルズも近く、六本木ヒルズにあるレストランには家族や友人とよく出かける。美食家が集まるレストランの中でも、てんぷらみかわは一番のお気に入りである。

　地元ではエクアトゥール、たきや、幸村、カーザヴィニタリア、麻布かどわき、世良田、中国飯店富麗華などが行きつけである。

　いつかは麻布に住みたいとは思っていたが、学習塾を開業したころは、麻布に住めるほどの余裕は当然なかった。そこで、T大在学中から土地勘がある根津の木造アパートから社会人生活を始めた。

②　起業

　周りの同級生が国家公務員や一流企業向けの就職活動をする中、学習塾の塾長に講師として正社員にならないかと誘われた。T大法学部を卒業していれば、塾経営が失敗しても、何とかなるだろうという根拠のない自信があっ

た。

　正隆氏とパート2人による小さな船出であった。本郷の雑居ビルに事務所兼教室を構えた。プリント教材を用いた個別指導も始めた。生徒がほかから移ってきたり、その兄弟が入ってきたり、口コミも手伝って、拡大の一途をたどった。

　1960年代の高度成長期頃から、所得の増加、学歴重視も手伝って、中学・高校・大学の受験熱が高まり、学習塾が注目されるようになった。人口の多い団塊ジュニアが学習塾に通い、学習塾業界は大幅な成長を達成した。

　赤門アカデミーを本郷に開校して以降、関東全域に校舎を展開するまでになっている。中学、高校、大学受験をカバーし、オリジナル・テキストが好評で、名門校に多数の合格者を送り出している。

　赤門アカデミーでは、定期試験は無視して、塾の勉強だけということではなく、定期試験対策もしっかりとやる。推薦枠で大学に合格する者も多い。

　志望校に合わせた個別カウンセリング機会の充実にも努める。受験当日は講師も有名校の前で鉢巻をしてのぼりを立てて、生徒を応援する。合格発表当日も現地で待機するなど、生徒と一体となって受験に取り組む。夏期合宿では1日10時間の学習を行う。消えかかっている昭和の残風景がそこにはある。反ゆとり教育を支持する親のファンも多い。

　また、自由が丘、武蔵小杉に自社ビルを所有し、賃貸業も行っている。リーマンショック後は一部テナントの退去に伴う空室が発生したが、2013年からのアベノミクス後は駅に近い好ロケーションもあり、テナントが満室となる経営が続いている。

③　正隆氏の個人財産リスト

（単位：百万円）

	相続税評価
居住用不動産（自宅）	
土地	72
家屋	68
居住用不動産（別荘）	
土地	35
家屋	63
自社株	1,130
金融資産	387
預貯金	200
個人向け国債（変動10年）	100
米国債（変動利付債）	87
死亡退職金	
定期保険（100歳満了）	700

　正隆氏はこれまで仕事一筋でやってきたため、資産運用のことはよくわからないし、勉強する時間もない。メインバンクから紹介を受けた銀行系列のN証券の担当FAの太田氏からは、資産に占める自社株の比重が高く、今後の金利上昇が見込まれるため、変動金利の国債で運用するのが良いとのアドバイスを受け、日本と米国の変動金利国債を保有している。

　正隆氏は資産運用については、リテラシーが低いこともあり、保守的なスタンスを取っており、残された家族の生活水準の確保、相続税の支払いを確実にするため、資産は増やすよりも守ることに主眼を置くべきであると考えている。

④　株主構成

株主名	続　柄	株式数	持株比率
山室正隆	本人	1,120	70%
山室清子	妻	160	10%
山室正弘	長男	160	10%
島村景子	長女	160	10%
合　計		1,600	100%

　自社株については、増資時に妻が一部引き受けたこと、校舎拡大に伴う先行投資による損失を出して株価が安い時期に、妻、子供に贈与をしたことにより、正隆氏70%、妻、2人の子供がそれぞれ10%ずつの保有割合になっている。

　長男に後継者としての適性がないことを考えると、まだ、自分が特別決議を行うことが可能な2/3以上の議決権を確保しておきたいと考えており、依然として70%を保有し続けている。

(4)　家族の状況

①　妻

　妻の清子氏はアルバイトとして、赤門アカデミーに入社し、事務を手伝った。社内結婚といえば聞こえは良いが、正隆氏は多忙で職場以外に出会いの機会がなかったといって良い。清子氏は2人の子供の子育てが忙しくなるまでは、事務を手伝い、会社の発展に多大な貢献をした。

　2人の子供が社会人として独立した今、絵画を趣味として、空き時間にアトリエにこもって絵画に没頭している。二科展にも入選するほど、腕前を上げている。

②　長男

　長男の正弘氏はA学院初等部に入学後、A学院中・高を経て、A学院大学文学部を卒業し、親の会社を手伝っている。

　灯台下暗しとは良く言ったもので、ベストセラーになった下重暁子氏の

『家族の病』ではないが、親子の関係は「一番近くて遠い存在」なのか、正弘氏は文学、読書好きの心優しい子であった。正隆氏は正弘氏のＡ学院初等部在籍時に自分の塾に通わせ、自分と同じＡ中学に入ってくれないかなという淡い期待を胸に中学受験を視野に入れたことがあった。

　母親の清子氏は受験に熱心で、小学校から私立に入れることにこだわった。ただ、Ａ学院初等部では、内部進学が基本で周りが塾に通わない中、塾での学習にモチベーションを見い出せず、早々と脱落した。

　正弘氏の大学の卒業論文はシェークスピアのマクベスを題材にしたが、蜷川幸雄の彩の国シェイクスピア・シリーズで、彩の国さいたま芸術劇場に何度足を運んだかわからない。

　父親のように各校舎を飛び回るような生活はしたくない。9時から5時までの残業なしで、趣味のシェークスピア劇の鑑賞ができれば最高だ。その意味では、総務部で片腕となる人材のいる今のポジションは居心地としては悪くない。

③　長女

　長女の景子氏はＳ女子学院の初等科から中、高を経て、Ｓ女子大学英文学科を卒業した。渉外弁護士事務所秘書として就職し、職場結婚により、Ｔ大法学大学院卒の渉外弁護士と結婚し、一男一女に恵まれた。主人の稼ぎは良いものの、平日は午前様、休日出勤、海外出張も多く、主人との時間が思うように取れないのが贅沢な悩みでもある。

　渉外弁護士は激務であるため、事務所からもタクシーで通勤しやすい赤坂のタワーマンションを法人契約扱いにしてもらい、居を構えている。景子氏は子育てに追われており、父親からの相続のことを考える暇もない。父が保有する赤門アカデミー株式は長男に相続させることになると考えており、遺留分減殺請求をするつもりはない。今のところ、収入面でも全く困っていないため、最悪、相続財産がもらえなくても、生活に困ることはないかもしれないが、何らかの資産はもらえればと考えている。

　もらった資産でハワイに別荘を購入するのも悪くない。トランプ・ホテル・ワイキキ・ビーチ・ウォークやザ・リッツカールトン・ワイキキはパン

フレットを見るだけでも、ワクワクしてくる。

　よくランチをするママ友のご主人は、IT企業を上場させ、六本木ミッドタウンのザ・パークレジデンシィズ・アット・ザ・リッツ・カールトン東京に住んでいる。神宮外苑花火大会の鑑賞会や子供誕生日会で何度か訪れたことがあるが、マンションというより、最高級ホテルのスイート・ルームそのものである。銀座久兵衛の板前がケータリングで来ていたのにも驚かされた。リッツカールトンの世界最高峰のホスピタリティ、サービスの大ファンで、ザ・リッツ・カールトン・レジデンス・ワイキキビーチも購入している。軽井沢と葉山の別荘も有名な建築士が設計したと聞いた。上には上がいるものである。景子氏の現在の主人の稼ぎでは、まだこのような暮らしは無理であるが、自分もいつかはと思っている。

⑸　業界の状況
①　業界再編
　学習塾の市場規模は少子化により、低迷している。少子化により生徒数が減少する一方、教育熱心な親はいつの時代も存在し、一人当たりの教育にお金をかけている。受贈者1人当たり1,500万円の教育資金の一括贈与の非課税措置も資産を有する祖父から孫への教育資金の移転を積極的に促している。

　1998年以降、業界全体の売上高は停滞している。その一方で、業界再編が進んでいる。少子化が進むと予想され、市場規模の縮小、競争の激化が見込まれる。上位20社の売上が過半を占めるなど、寡占化が進んでいる。

業界再編によるノウハウ取得・事業基盤の強化

主体企業	内　　容
ヨシダ（大学受験をメインに全国展開）	中学受験専門の学習塾である中野大崎を買収
KOアカデミア（関東に展開する中学・高校・大学受験専門進学塾）	個別指導学習塾の曙義塾と資本業務提携
浅野ゼミナール（学習塾最大手）	医歯薬専門予備校の松本学園を買収
β会（小学生〜大学生および社会人向けの通信教育・学習教材の出版）	学習塾最大手の浅野ゼミナールを買収
ルネス（通信教育、出版などの事業を行う）	東京大学志望の中高一貫校を対象とした大学受験専門塾の鉄門会を買収
希望教育（首都圏を中心に個別指導学習塾を展開）	小学校受験のパイオニアの伸児会を買収
原宿ゼミナール（全国に7校を展開する大学受験・入試の予備校）	難関中学校受験を得意とし、首都圏に展開するTAPIXを買収

②　個別指導塾の台頭

　以前の学習塾は集団指導が主力であった。しかし、2000年代頃から学力に応じた対応が求められるようになり、講師1人に対して、生徒約1〜3人を指導する個別指導塾が急成長し、市場全体が低迷する中でも、個別指導塾は右肩上がりの成長を遂げている。学習塾市場規模約9,000億円のうち、個別指導はシェア4割超の約4,000億円まで成長している。一方で、個別指導は集団指導よりも多くの講師を必要とするため、個別指導塾の成長が一因となり、塾講師の人手不足が顕在化している。

③　海外展開

　国内の学習塾市場は長期的に縮小していくと見込まれるため、中国、ベトナムなどのアジアを中心として海外市場に展開する動きもある。個人別の自学自習プリントを配布し、学年にかかわらずその生徒のその時の実力に応じた学習をする無学年式学習を特徴とする文理教育研究会は48の国で開校している。また、ルネスは中国、台湾で幼児向けを中心とした通信教育講座を展開しており、会員数は125万人まで拡大している。さらに、浅野ゼミナール

はベトナムで学習塾を開き、ベトナム人向けの日本語教育やベトナム在住の日本人生徒向けの教育を提供している。

④　ITの活用

　都心と同レベルの教育を提供することを目指し、映像授業と人的フォローアップ・システムの活用による全国展開、教室の小型化による経営効率の高い教室展開が行われている。

　タブレット端末の普及が進んでおり、シーガルが提供する受験アプリは大学受験生の2人に1人が使うほどブームになっている。今後、AIの導入も想定される。通信教育に強いルネス、β会もタブレットによるサービスを展開している。

⑤　大幅な事業縮小・不動産業の拡大

　原宿ゼミナールは少子化による生徒数減少、私立文系・浪人を主対象とした大人数による集団受講形式がニーズに合わなくなってきたことから、20校閉鎖などの大幅な事業縮小を行うとともに、駅前一等地にある空いた所有ビルを貸しビル業として展開する。

⑹　赤門アカデミーの状況

　少子化によって小さくなるパイの奪い合いは激化している。情報力、ブランド力に勝る上場企業に対抗することができるのか。

　中学受験用のテキストでは、「中野大崎」の復習シリーズの評判が高いが、自社オリジナルで質の高い教材を提供し続けられるのか、優秀な人材を確保することができるのか悩みは尽きることがない。

　業界再編が進む中、M&Aを仕掛けて、経営管理を行う人材も不在であり、現状のオペレーションを続けていくのが精一杯である。買収をするというよりも買収される方であろう。

　上場企業の信用力、ブランド力は強い。また、合従連衡により総合力をつけている。地域の寺子屋的な個人でやっている塾は特色を活かしていけるかもしれないが、わが社のような上場企業と比べても中途半端な企業は生き

残っていけるのだろうか。特に、カリスマ創業者の正隆氏が引退した後の体制はどうなるのだろうか。

　正隆氏も対策を打っていないわけではない。学習塾運営企業で不動産賃貸業を行っている企業も多い。校舎を開設する際に入居する商業ビルを徹底的に調査するため、不動産賃貸業界について詳しくなる。また、余剰資金が生じれば、家賃を払い続けるのももったいないので、自社ビルを購入し、校舎を入居させることも考えられる。

(7)　**組織・後継者**
　赤門アカデミーの取締役は以下の4人である。

代表取締役社長　　山室　正隆　　本人　　　70歳
取締役総務部長　　山室　正弘　　長男　　　40歳
取締役経理部長　　山室　美佐紀　長男の妻　35歳
取締役運営部長　　水谷　匠　　　非同族　　35歳

　正弘氏は取締役総務部長であるが、実務は実務能力の高いベテランの内村課長が担当しているため、実際には正弘氏がいなくても回っていく状況にある。

　正弘氏の妻美佐紀氏は取締役経理部長で、経理部門を統括している。上場企業の経理部に勤めていたこともあり、仕事の丁寧な進め方、正確さには定評があり、正隆氏は全幅の信頼を置いている。

　取締役運営部長の水谷匠氏（血縁関係なし）は元々、大学の講師アルバイトから入り、正社員、運営本部長を経て、取締役に就任し、COOとしての役割を担っている。講師としての実力はアルバイト時代から突出しており、他の正社員・アルバイト講師からも信頼を得ている。

　水谷氏は会社を維持し、従業員、生徒、社会に貢献したいという強い思いがあり、講師をまとめられるのは自分しかないとの思いがある。一方、業界が右肩上がりの時には良いが、右肩下がりで、従来の延長線上ではなく、再編などが求められる時代にはベストな人材ではないかもしれない。決められ

た枠組みの中での経営に強みを発揮するタイプである。CEOよりはCOO向きといえるかもしれない。

　正弘氏と水谷氏は折り合いが悪い。叩き上げで現場をまとめている水谷氏にとっては、育ちの良い文学青年風情で腰掛けの正弘氏は面白くない存在である。カリスマ創業者の正隆氏が今後も健在であれば、この状態のままでも問題はないが、相続が発生し、法定相続人である正弘氏が株式を相続した場合、水谷氏の立場はどうなるのか。正弘氏は資本の論理を振りかざし、取締役を解任することも考えられる。

　不動産賃貸業については、管理会社も入っているため、妻や長男でも管理をしていけそうだ。ただし、学習塾事業の方は、長男では従業員、アルバイトがついてこないに違いない。

⑻　M&A

　正隆氏はM&Aも選択肢だと考えている。顧問税理士が全国M&Aセンターの会員になっているため、顧問税理士から経営者のためのM&Aセミナーを案内され、興味本位で参加したことがある。セミナー会場の東京国際フォーラムは満員御礼、工藤社長の関西弁訛りでユーモアに溢れ、説得力のある語り、実際にM&Aを成功させた創業者の話を聞いて、そんな選択肢もあるかなとぼんやりと考えたこともある。

　水谷氏は住宅ローンの返済に追われ、株式を買い取る資金は到底調達できそうにない。しかし、経営に主体的に関与し、赤門アカデミーを成長させていきたいという強い思いがある。

　メインバンクであるM銀行本郷支店の担当者高橋氏からもM&Aという選択肢があるという話を聞いている。買収に関心があるPE（プライベート・エクイティ）ファンドや上場企業を含む同業他社もいるという話があった。

　高橋氏によると、EV/EBITDA比率7倍での売却が想定されるとのことである。売却先としては、上場学習塾企業、PE（プライベート・エクイティ）ファンドが想定されるとのこと。上場学習塾企業に買収された場合、同業によるシナジー効果、上場企業と言う信用力を得られる半面、経営の独立性を保つのは難しく、四半期決算導入に伴う短期的な業績志向にならざるを得な

いだろう。一方、PE（プライベート・エクイティ）ファンドの場合、最終的にはIPOやM&Aによる出口を模索することになるが、当面は経営の独立性を保つことができる。また、PE（プライベート・エクイティ）ファンドが出口を模索するまでの期間において、最終的には業績改善を達成しなければならないが、短期的には業績悪化を伴うような経営判断も可能になる。

　リーマン・ショック後に1万円割れになった日経平均も1万円割れの水準を大幅に上回って推移している。業績は伸び悩んでいるとはいえ、黒字を計上しており、ベストではないかもしれないが、悪いタイミングではないだろう。

⑼　ファミリー・オフィス（資産管理会社）

　正隆氏は昨年、経営者仲間が懇意にしているW大学麦田教授主催のスイスのツアーに親子で参加し、IMD（International Institute for Management Development）で特別講義を受講し、プライベート・バンキング、ファミリー・オフィス、ボーディング・スクール（全寮制の寄宿学校）を見学した。スイスの美しい景色に感動するとともに、富裕層向けの資産運用、事業承継、教育などのインフラが歴史的に整っていることに感銘を受けた。

　自分は日本の教育業界の中で、受験指導という分野で一定の地位を築き上げたが、日本という国の中で、井の中の蛙になっているのかもしれない。世界の超富裕層、エリートの幼児教育はこのような環境下で行われているのかと驚きを隠せなかった。孫が社会人になる頃には、一層のグローバル化、ボーダレス化が進んでいるに違いない。孫をボーディング・スクールに入学させるのも選択肢として考えられるかもしれない。

　上場企業オーナーが子息と共にスイスに移住し、ファミリー・オフィスを設立し、現地のプライベート・バンクで運用をしている話などが伝わってくる。しかし、海外移住の精神的・物理的なハードルは高く、現状では現実的な選択肢としては考えられない。

　将来的に、赤門アカデミーの学習塾事業を売却した後、資産管理会社に転換し、山室家のファミリー・オフィスとして運営していくことも考えられる。日本ではファミリー・オフィスはまだ一般的ではないが、欧米において

は、超富裕層はファミリー・オフィスを設立し、アドバイザーと連携して、運営を行っている。

⑽　財団法人

　正隆氏は軽井沢に別荘を保有しているが、周りの経営者仲間でも軽井沢に別荘を保有しているものも多い。そのため、軽井沢ではよくホーム・パーティーが催される。正隆氏も多忙なため、なかなか参加することができないが、他業界の経営者との交流は楽しく、時間が許す限り参加するようにしている。

　その中で、ISAK（International School of Asia, Karuizawa）の立ち上げに参加した経営者仲間と知り合った。ISAKは日本初の全寮制インターナショナル・スクールであり、日本版ボーディング・スクールと言っても良いかもしれない。

　プロテニスプレイヤーの錦織選手も盛田正明テニス・ファンド（MMTF）の支援を得て、米国のIMGアカデミーで世界のトップ・プレイヤーと競い、実力を磨いた。日本人も世界のトップ・クラスと競い合って学んだり、仕事をしたりできる環境があれば、将来のジェフ・ベゾス、マーク・ザッカーバーグ、イーロン・マスクを輩出することができるのではないか。現にノーベル賞の分野での日本人の受賞はそれを裏付けている。ソフトバンクグループの孫社長もカリフォルニア大学バークレー校を卒業している。

　正隆氏はISAKに対して、軽井沢町へのふるさと納税（町内学校を指定）の枠組みで寄付を続けている。また、福島や熊本にもふるさと納税を行っている。将来的には、自ら財団法人（たとえば、5億円を拠出）を設立し、教育分野で世界に通用する人材を育てることも考えられる。

⑾　顧問税理士

　正隆氏は顧問税理士の大野税理士とはA中学以来50年を超える付き合いである。大野税理士は赤門アカデミー、山室一家の確定申告を担当し、事業承継、相続についてもまったくアドバイスしていないわけではない。

　大野税理士は路線価が公表される7月以降、相続税の試算を行い、8月頃

にアップデートした報告を行っている。大野税理士からは60歳になった頃から、毎年、相続対策の必要性を言われているが、人間ドックでも大きな問題がなく、健康で、仕事優先にしてきたため、本格的な相続対策は手付かずになっている。

　大野税理士から、詳しいことは知らされていないが、議決権と経済的持分の分離については、信託や種類株式を使ったスキームも考えられるとの話も聞いている。

　今後も現在の顧問税理士に毎年の法人・個人の確定申告を依頼し続けるつもりであるが、大野税理士は相続税には必ずしも強いとは言えないため、相続税に強い税理士法人を併用することも検討する必要があるかもしれない。

⑿　セレクション

　正隆氏は自分が健在の間に何らかの手を打っておく必要があると考え、アドバイザーを起用し、対策案の立案・実行支援を依頼することにした。

　現在の顧問税理士も相続対策のリスクを取りたくないため、確定申告の仕事が継続されるのであれば、異議を挟まないに違いない。鼓膜が痛いのに耳鼻科ではなく、眼科に行く人はいない。税理士も得意分野に応じて使い分けることも必要かもしれない。

　そこで、セレクション（提案受領によるアドバイザーの選定）を開催することにし、銀行、税理士法人、PE（プライベート・エクイティ）ファンドなどに対して、提案書作成を依頼した。

参考数値等

(1) 赤門アカデミー　財務数値

貸借対照表

（2017円3月期）　　　　　　（単位：百万円）

資産の部		負債の部	
流動資産		流動負債	
現金及び預金	798	支払手形及び買掛金	44
受取手形及び営業未収入金	34	未払金	190
商品及び製品	8	未払法人税等	47
仕掛品	5	未払費用	112
原材料及び貯蔵品	13	前受金	222
その他	76	その他	4
貸倒引当金	−1	流動負債合計	619
流動資産合計	933	固定負債	
固定資産		役員退職慰労引当金	162
有形固定資産		預り敷金保証金	15
建物及び構築物	2,948	固定負債合計	177
減価償却累計額	−1,873	負債合計	796
建物及び構築物（純額）	1,075	純資産の部	
機械装置及び運搬具	167	株主資本	
減価償却累計額	−156	資本金	80
機械装置及び運搬具（純額）	11	利益剰余金	4,121
土地	782	株主資本合計	4,201
その他	291	純資産合計	4,201
減価償却累計額	−274	負債純資産合計	4,997
その他（純額）	17		
有形固定資産合計	1,885		
無形固定資産			
ソフトウェア	6		
電話加入権	1		
施設利用権	2		
無形固定資産合計	9		
投資その他の資産			
投資有価証券	1,493		
敷金及び保証金	88		
保険等積立金	589		
投資その他の資産合計	2,170		
固定資産合計	4,064		
資産合計	4,997		

損益計算書

（単位：百万円）

	2015年3月期	2016年3月期	2017年3月期
売上高	3,694	3,402	3,260
売上原価	2,829	2,633	2,465
売上総利益	865	769	795
販売費及び一般管理費	710	669	642
営業利益	155	100	153
営業外収益			
受取利息	46	48	45
受取配当金	24	32	38
雑収入	58	18	11
営業外費用			
雑損失	1	2	
経常利益	282	196	247
税引前利益	282	196	247
法人税等	106	69	81
当期純利益	176	127	166

セグメント情報

（単位：百万円）

2017年3月期	塾関連事業	賃貸事業	合　計
売上高	3,093	167	3,260
営業利益	105	48	153
資産	3,918	1,079	4,997
金融資産	1,796	495	2,291
負債	624	172	796
減価償却費	116	21	137

※学習塾事業を売却する場合、売却額と純資産の金額が近いため、売却益課税を考慮
しないものとする。

(2)　その他の情報

M&A手数料

レーマン方式によるM&A手数料

売買価額	報酬率
5億円以下の部分	5%
5億円超10億円以下の部分	4%
10億円超50億円以下の部分	3%
50億円超100億円以下の部分	2%
100億円超の部分	1%

※他社への株式売却想定価格：EV/EBITDA比率6～7倍で算定する。

［問題 1 ］ 現状分析と課題整理

　貴方は、 a ） M銀行の高橋RM、 b ） N証券の太田FA、 c ） PE （プライベート・エクイティ） ファンドAの奥原代表取締役、 d ） 税理士法人萩野＆パートナーズの萩野代表社員のいずれかの役を選択できます。

　社長の正隆氏からは赤門アカデミーの法人情報、正隆氏の個人情報を、今回のコンサルティングを行うにあたり、開示してもいいという承認を得ました。

　以上の記述を前提に、まずは、現状分析と課題の整理をしてください。

問題 1 ▶解答例

＜マクロ分析＞

a ） 経済環境分析

■アベノミクスの今後

　アベノミクスは①大胆な金融政策 （マイナス金利を含む）、②機動的な財政政策、③民間投資を喚起する成長戦略の 3 つを基本方針としている。①（第一の矢）、② （第二の矢） が功を奏したため、株価や不動産価額は急上昇した。しかし、③の成長戦略 （第三の矢） の効果については、依然不透明な状況であり、とりわけ、中小企業については、明確な成長路線が見えていない。また、足もとでは世界経済の減速、米国の利上げなど、世界経済に先行き不透明感が出始めており、注視していく必要がある。

b ） 制度

■税制改正の方向性

　消費税については財政健全化のため、10％への引き上げが予定されている（セミナー開催時点）。また、富裕層課税 （高所得者、相続税） が強化されている。反面、早期の次世代への資産移転を促すため、子・孫への贈与税負担が軽減されている。

■法人税の動向

　法人税率は低下傾向にある。法人実効税率は従前約31.33％（以下、標準税率）であったが、国際的には依然として高い（他国は20％台など）ため、国際競争力向上の観点から、2016年度に約29.97％、2018年には約29.74％となった。

■所得税の改正の動向

　2015年から所得税の最高税率が45％に引き上げられ、住民税と合わせると最高税率は55％になった。また、すでに給与所得控除には上限が設定されており、いわゆる出国税の創設や国外財産調書・財産債務調書の提出が厳格化されるなど、富裕層、高額所得者への課税が強化されている。

■相続税、贈与税改正の動向

　2015年から相続税の基礎控除額が40％縮減され、最高税率も50％から55％に上がった。一方、20歳以上の子・孫が直系尊属から受けた贈与税については税負担が軽減された。また、相続時精算課税制度の対象に20歳以上の孫も加わり、贈与者の年齢も65歳から60歳に引き下げられた。

　相続税は一部の資産家に対する課税から大衆課税化しつつある。

■消費税の動向

　消費税については財政健全化のため、10％への引き上げが予定されている（セミナー開催時点）。

ｃ）学習塾業界の分析
■業界全体の方向性、成長可能性について

　学習塾の市場規模は少子化により低迷している。少子化により生徒数が減少する一方、教育熱心な親はいつの時代も存在し、一人当たりの教育にお金をかけている。受贈者1人当たり1,500万円の教育資金の一括贈与の非課税措置も資産を有する祖父から孫への教育資金の移転を積極的に促している。1998年以降、業界全体の売上高は停滞している。その一方で、業界再編が進んでいる。少子化の進行により、市場規模の縮小、競争の激化が見込まれ、上位20社の売上が過半を占めるなど、寡占化が進んでいる。また、以前の学習塾は集団指導が主力であった。しかし、2000年代頃から学力に応じた対応

が求められるようになり、講師１人に対して、生徒約１～３人を指導する個別指導塾が急成長し、市場全体が低迷する中でも、個別指導塾は右肩上がりの成長を遂げている。学習塾市場規模約9,000億円のうち、個別指導はシェア４割超の約4,000億円まで成長している。さらに、映像授業の活用による学習塾運営の効率化・全国展開、タブレットなどの活用、海外展開を行っている企業も存在する。

＜ミクロ分析＞

a）経営の状況

■競争優位にあるプロダクトの有無

オリジナル・テキストの使用、定期試験対策にも力を入れる、熱血講師、合宿などの特徴はあるものの、競合他社も似たようなことを行っており、競争優位にあるとまではいえない。同業他社の再編によるノウハウの共有、ITの活用（映像授業など）などが進む中、旧態依然とした赤門アカデミーのサービスは昭和世代の親の熱烈なファンもいる一方、時代の流れに追いついていないということもできる。

■今後のイノベーションの可能性、その条件

部分的な改善はイノベーションとはいえず、イノベーションの本質は非連続性にある。現状の人材、組織においては、連続性のあるサービス改善がなされても、イノベーションが生み出される土壌はない。即ち、センスが創造される組織構造が必要であるが、それが難しいのであれば、外部人材の採用など外部リソースを活用することが考えられる。

■競合の可能性

学習塾の市場規模は少子化により低迷する中、限られたパイの奪い合いで競合は激化している。従来主力であった集団授業に対して、個別指導のニーズが高まるにつれて、個別指導塾が台頭してきている。また、難関校、お受験、通信教育など、差別化可能な明確な強みを有する企業もそれぞれの分野において、確固たる事業基盤を確立している。

■従業員、組織の側面

　全体マーケットが縮小し、競合が激化する中、従業員のモチベーションを如何に維持するのかが課題となる。また、塾講師の人手不足も顕在化しており、優秀な講師が競争力の源泉であることから、如何に優秀な講師を採用し、長く働いてもらえるかも課題となる。

　とするならば、人材不足が叫ばれる中、適切な従業員・組織体制を構築することができなければ、会社全体の成長維持が困難になる可能性があろう。

■後継者の状況、又は、それに代わる経営層の状況

　長男の正弘氏は私立大学文学部卒業後、赤門アカデミーに入社し、現在、取締役総務部長を務めている。正弘氏の妻美佐紀氏は大企業の経理部出身で、取締役経理部長を務めている。長女の景子氏は渉外弁護士の夫島村大介氏と結婚し、専業主婦である。正弘氏、その妻美佐紀氏は管理部門担当であり、塾講師を含めた会社全体を経営することができる立場にはなく、後継者としては考えにくい。一方、取締役運営部長の水谷氏は非同族であるが、塾講師からの信任も厚く、COOとしての役割を果たしており、内部では後継者候補に最も近いと考えられる。ただし、水谷氏は現状の枠組みの中でのオペレーションを行うタイプであるため、業界再編が進行中で、既成概念に捉われない経営戦略が求められる場合は最適ではないかもしれない。

b）ファミリーの状況

■家族内での問題

　正隆氏に不測の事態が発生した場合、相続税の負担が重くなり、遺言書も作成されていないため、財産の分割（特に赤門アカデミー株式）において家族間で「争族」となることも考えられる。また、景子氏は高所得者の渉外弁護士と結婚し、安定した生活を送っているが、正弘氏が後継者として不適格なのであれば、将来的に正弘氏の居場所をどのように確保していくかという課題がある。

■後継者の状況

　長男、長女ともに後継者としての資質を備えておらず、社内では非同族の水谷取締役運営部長がCOOとしての役割を果たしており、最有力であると

考えられる。ただし、学習塾業界において、業界再編が進行中であり、当該トレンドに対応できない場合は、外部から後継者を招聘することも考えられる。正隆氏が70歳という年齢であることもあり、早急に後継者を決定しなければならない状況にあろう。

■ファミリーの目標

赤門アカデミーの継続的な成長を実現するため、また後継者問題や相続問題により事業を毀損させず、ファミリーの幸福を最大化するため、資産管理会社への転業、M&A、非同族事業承継の中で、最適な選択したいと考えている。まだ若い正弘氏に仕事上のポジションを確保することについても同様である。

また、ファミリーミッションを実現するため、財団法人を設立し、教育面から将来の起業家候補を育てたいと思っている。教育格差の是正のために補助金の支給や奨学金制度の拡充を行うことも当然重要であるが、一方で、国全体を牽引する起業家などのスーパー・エリートを育成することも重要であると考えられる。

孫についてはグローバルな人材に育てるため、ボーディング・スクールとまでは言わないが、米国などに留学してもらいたいと考えており、教育資金の支援もしたいと思っている。

結果として、ファミリーが精神的・経済的に豊かな生活を送ることを求めている。

ｃ）所有の状況

■ファミリーが保有する全資産の状況

ファミリーが保有する総資産は、約29億円（正隆氏の資産と清子氏、正弘氏、景子氏の赤門アカデミー株式保有額）である。

そのうち、預貯金・有価証券・生命保険金・退職慰労金から構成される金融資産は、約11億円である。

一次相続・二次相続が相次いで発生すると、相続税は約11億円と試算される。ファミリー全体としては、承継した金融資産で、相続税の納付が可能と考えられるが、自社株を集中して承継する正弘氏の納税が困難になると考え

られる。

■自社株の移転についての課題

　同族内事業承継を想定する場合、円滑な経営を行うため、所有と経営を一致させることが重要であると考えられる。したがって、後継者に相続税が支払い可能な範囲でなるべく多くの自社株を移転させることが望ましいと考えられる。一方、後継者に自社株を集中して移転させる場合、承継資産が自社株に集中しているため、資産承継割合が法定相続割合にならず、不公平になり、"争続"になる可能性もある。また、遺言書の作成における相続割合の決定においては、遺留分を侵害していないかに留意する必要がある。

■相続税納税準備資金とその可能性、対策

　一次相続税が約8億円発生すると見込まれるのに対して、相続税納税準備資金（金融資産、生命・年金保険、退職慰労金）が約11億円であるため、一次相続時点では資金不足にはならない。また、二次相続税が約3億円発生すると見込まれるのに対して、相続税納税準備資金（金融資産）が4億円であるため、二次相続時にも納税準備資金は確保されている。

■円滑な財産分割についての問題

妻への分割

　自宅は小規模宅地等の特例の適用を受けるため、一次相続では同居している妻が相続することが考えられる。

長男への分割

　長男が後継者になる場合、自社株を長男に集中させる必要がある。また、二次相続時において、自宅に小規模宅地等の特例が適用されるように、親と同居しないのであれば、自宅を購入せずに賃貸にしておく必要がある。

長女への分割

　長女は年収の高い渉外弁護士と結婚し、遺留分にも固執していない。長男が後継者になる場合、事業を支援するため、長男に資産を集中させ、長女への分割は最低限で良いかもしれない。

[問題2] ソリューション

社長の正隆氏は、山室家の未来、赤門アカデミーについて、以下の目標を設定したとします。
a）資産管理会社への転業
b）M&A（同業他社への売却）
c）同族外事業承継
　それぞれの目標設定に対し、その条件及び提案するソリューションを示してください。

問題2 ▶ 解答例

a）資産管理会社への転業

■条件

学習塾事業の売却：学習塾事業は少子化により、市場規模が低迷し、業界再編が進んでいる。また、後継者の確保も難しいため、学習事業を売却し、資産管理会社に転業する。後継者の確保が喫緊の課題であるが、ファミリー・ガバナンスの構築も中長期的な観点から重要である。

資産管理会社の運営：現在、赤門アカデミーが営んでいる不動産業賃貸業の継続、学習塾事業を売却した資金の運用を行う。どのように資金運用を行うか、資産管理会社のガバナンスをどうするかという問題がある。

■ソリューション、提案

学習塾事業の売却：同業他社またはPE（プライベート・エクイティ）ファンドに学習塾事業を売却する。同族内事業承継が難しい場合、外部から社長を招く（ただし、会長は同族から出し、経営の監視を行う）。また、ファミリー・ガバナンス強化のため、ファミリー・ミッション・ステートメント、ファミリー会議などの仕組を導入する。

資産管理会社の運営：不動産賃貸事業は継続的に黒字を計上していることから、そのまま継続し、学習塾事業売却対価は分散投資を行う観点から、金融資産で運用を行う。資産管理会社は正弘氏が正隆氏の持分を承継すると考

164

え、資産管理会社のガバナンスとして、正隆氏が代表取締役会長、正弘氏が代表取締役社長、清子氏、景子氏は平取締役の経営体制を整える。資産管理会社、ファミリー・オフィスの運営においては、当該分野におけるノウハウ・経験を有する外部コンサルティングの活用を検討する。

b）M&A（同業他社への売却）
■条件

　M&A：M&Aは、創業家にとっての経営リスクがなくなるとともに、企業価値を適切に反映した買収金額でないと成功しない。そして、M&A後の既存従業員が継続的に雇用される状況にないと、優秀な社員が退職し、結果として法人格は抜け殻だけになりかねない。従って、M&A後の新経営陣は、既存の赤門アカデミーのカルチャーを十分に理解しなければならない。また、赤門アカデミーの文化をある程度維持するために、M&A後も一定期間、正隆社長も取締役や顧問などの形で関与を続けることが必要であろう。また、買収先企業と赤門アカデミーの間に多様なシナジー効果が期待できることが必須である。従って、そういう企業を探せる力を持つアドバイザーが必要である。

■ソリューション、提案

　赤門アカデミーは質の高い講師、テキスト、合格実績という競争力のあるサービスを有し、すでに多くの校舎を有している。従って、同業他社との合従連衡によりシナジーを発揮しうるので、同業他社の傘下に入り、中長期的な視点から企業価値向上に取り組む。また、同業他社は赤門アカデミーの企業カルチャーをしばらくは維持し、コア社員の長期雇用を実現する。なお、正隆氏の株式の持分49％を残し、配当還元方式の低い評価で生前贈与することも考えられる。

c）一族外からプロの経営者を導入し、所有と経営の分離の確立
■条件

　ファミリー・ビジネスの継続：後継者の確保が喫緊の課題であるが、ファミリー・ガバナンスの構築も中長期的な観点から重要である。

所有と経営の分離の確立：後継者が経営を担う場合に、正隆氏の相続人が業績にかかわらず、意のままに代表取締役を解任できることになれば、長期的な視点での経営を行うことは困難であると考えられる。一方、後継者が満足の行く業績を挙げていない場合も代表取締役を継続できることになれば、モラル・ハザードが生じることになるため、適切な仕組みの構築が必要になる。

■ソリューション、提案

　ファミリー・ビジネスの継続：同族内事業承継が難しい場合、外部から社長を招く（ただし、会長は同族から出し、経営の監視を行う）。また、ファミリー・ガバナンス強化のため、ファミリー・ミッション・ステートメント、ファミリー会議などの仕組を導入する。

　所有と経営の分離の確立：正隆氏の持株は正弘氏に相続されることが想定され、正弘氏、清子氏、景子氏の同族で100％の議決権を保持することになる。山室家が100％の議決権を保持する場合、経営者として有能で、業績好調であっても、いつでも好き嫌いで解任されるリスクが存在する。したがって、後継者が長期的な視点から経営に取り組めるように、正隆氏の保有株式のうち、800株（50％）を信託し、議決権と経済的持分に分離し、議決権を後継者に付与することが考えられる。モラル・ハザードを回避するため、機関投資家の議決権行使ガイドラインを参考にして、3期連続営業減益、2期連続営業赤字、著しい業績悪化などの場合には、信託契約を解消し、後継者の議決権を没収することが考えられる。

［問題3］投資政策書

　現状分析、目標設定に基づき、ストラクチャーの概要、提案する事業戦略、期待される効果を社長の正隆氏に提案する投資政策書を作成してください。

　作成するのは、次の(1)、(2)の2つです。

(1)　エグゼクティブサマリー（提案の要旨）

(2)　(1)を導くための検討過程、根拠等を示す資料

　なお、貴方が選択した戦略実行後の正隆氏及び家族が保有する金融資産及び運用不動産について、

　　a)アロケーション

　　b)そのアロケーションに対応する個別銘柄

　を記述し、提案してください。

　　また、その運用ポートフォリオは、

　　c)個人保有か資産管理会社保有か

　　d)相続税納税資金の準備方法

　を提案してください。

ⓐ　資産管理会社への転業

問題3▶解答例　Executive Summary　ⓐ　資産管理会社への転業

(1)　提案の前提、事業の現状

● 学習塾業界は少子化による低迷により、競争が激化しており、単独での生き残りが困難になりつつある。

● 正隆氏は長男の正弘氏を後継者として考えていないため、学習塾事業の後継者となる経営者を確保する必要がある。

● 一方、不動産事業は安定収益を生み出している。

● また、将来にわたって、ご家族の生活を維持していく必要がある。

(2)　将来のシナリオと提案する事業戦略

●赤門アカデミーの学習塾事業は、単独で成長シナリオを描くことが困難であるため、事業譲渡を行う。

●不動産事業は安定した収益を生んでいるため、事業譲渡は行わない。

●赤門アカデミーは資産管理会社に転業し、ご家族の安定的な収入確保のため、ファミリーオフィスの中心として機能する。

(3) 提案するストラクチャー

●学習塾事業を事業譲渡した後、事業譲渡対価を金融資産などに投資する。

●資産管理会社の1株あたり利益は0円、1株あたり配当は0.1円（いずれも額面50円換算）になるようにする。

➡生命保険、リース、退職金などの費用計上による

●ファミリーオフィスの運営も支援する。

(4) 期待される効果

●納税準備資金

① 現状、相続が発生した場合、一次相続時に正弘氏の納税準備資金が不足することが想定される。

➡一次相続：相続税8億4,000万円、納税準備資金10億9,000万円、二次相続：相続税2億7,000万円、納税準備資金3億5,000万円

② 学習塾事業売却後、資産管理会社に転業し、資産管理会社の1株あたり利益は0円、1株あたり配当は0.1円（いずれも額面50円換算）になるようにし、評価減後に、相続時精算課税制度の適用を行い、正隆氏保有株式を正弘氏に生前贈与することも考えられる。

➡一次相続：相続税11億3,000万円、納税準備資金44億3,000万円、二次相続：相続税3億1,000万円、納税準備資金36億4,000万円（学習塾売却対価を全額金融資産で運用する場合。相続時精算課税制度適用時の贈与税を含む）

学習塾事業の売却対価を金融資産で運用した場合、相続税の納税資金として用いることができるため、納税資金に大きな問題は生じない。売却対価の一部で不動産を購入することにより、さらなる相続税

減税を図ることも考えられる。（ただし、相続税減税だけでなく、分散投資の視点も重要）。

③ 　②に加えて、５億円（資産管理会社から拠出）で財団を設立し、教育資金の一括贈与（非課税）6,000万円（1,500万円×孫４人）を行った場合、さらに相続税が減少する。

➡一次相続：相続税９億2,000万円、納税準備資金38億7,000万円、二次相続：相続税２億9,000万円、納税準備資金31億4,000万円（相続時精算課税制度適用時の贈与税を含む）

(5)　資産運用の提案

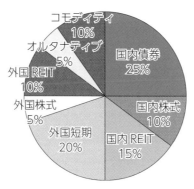

	アセットクラス	比率	商　品
1	国内債券	25%	個人向け国債（変動10年）
2	国内株式	10%	TOPIX連動型上場投資信託
3	国内REIT	15%	東証REIT指数連動型上場投信
4	外国短期	20%	Short-Term Bond ETF
5	外国株式	5%	SPDR S&P500 ETF
6	外国REIT	10%	Vanguard REIT ETF
7	オルタナティブ	5%	IQ Hedge Multi-Strategy Tracker ETF
8	コモディティ	10%	SPDR Gold Shares
		100%	

(6) 運用戦略と運用方針

● 現在の金融資産の資産配分は国内短期52%、国内債券26%、外国債券22%。当該ポートフォリオの期待リターンは年率0.9%、リスク（標準偏差）は2.8%。金融資産は統計的に95%の確率で最大損失は3.6%以下と推定される。

● また、国内短期の保有割合が高く、国内債券の保有比率が低い。

● 学習塾事業の売却により、資産管理会社（旧赤門アカデミー）の金融資産が増加し、相続税に対する、納税準備資金が大きく改善されるため、よりリスクを取った資産運用を行うことが可能になると考えられる。

● 対策後に一次相続、二次相続が発生すると仮定した場合、一次相続9億2,000万円＋二次相続2億9,000万円＝12億1,000万円の相続税が発生するが、納税準備資金が70億円超あり、納税準備資金に余裕があるため、標準型の運用とする。

● 金融資産を国内債券25%、国内株式10%、国内REIT15%、外国短期20%、外国株式5%、外国REIT10%、オルタナティブ5%、コモディティ10%の配分にすると、期待リターンは年率3.2%、リスク（標準偏差）は8.4%になる。

問題3 ▶解答例 サマリーを導くための検討過程、根拠等を示す資料
ⓐ 資産管理会社への転業

1．当政策書が実現しようとしているファイナンシャル・ゴール

■赤門アカデミーの今後の経営方針

　単独での成長が困難で、同族内で後継者を確保することができない学習塾事業を売却し、赤門アカデミーは既存の不動産賃貸事業と売却対価の運用を行う資産管理会社に転業する。

■赤門アカデミーの所有の方針

学習塾事業は単独では成長シナリオを描くことが困難である。また、ネット・キャッシュ18億円の潜在価値が未実現のままである。したがって、成長を継続し、ネット・キャッシュ18億円の潜在価値を実現するため、学習塾事業の売却を行い、赤門アカデミーは資産管理会社に転業し、正弘氏が後継者となり、正隆氏の株式を承継する。

■ファミリーの目標

● 赤門アカデミーは学習塾事業売却後、資産管理会社に転業し、正隆氏は会長として、新社長の正弘氏をサポートする。

● 学習塾事業を事業譲渡した後、事業譲渡対価を金融資産などに投資する。

● 5億円を拠出して財団法人を設立し、教育面から次世代の起業家育成を行う。そして、孫の教育を支援するため、教育資金一括贈与の非課税制度を活用し、孫1人につき、1,500万円、合計6,000万円を贈与する。

● さらに、ファミリー・ガバナンスを強化するため、ファミリー・ミッション・ステートメント、ファミリー会議などの仕組みを導入する。

2. ファイナンシャル・ゴールを達成するにあたってのご希望及び不安点

■事業に係る側面

● 赤門アカデミーは過去2年売上高の伸びが低迷しており、学習塾事業は単独で再成長軌道に乗せることは困難であるため、事業譲渡を行うべきかどうか。

● 不動産事業は安定した収益を生んでいる。

■ご家族に係る側面

長女の景子氏は渉外弁護士の夫と結婚し、専業主婦として、安定した生活が見込まれるが、長男の正弘氏は赤門アカデミーの後継者にならないため、将来的にどのような仕事に携わっていくか。

■財産分散の側面・自社株の所有の側面

● ファミリーの資産が自社株に集中しているため、自社株価値の変化の影響を受けやすい。

● 正隆氏が依然として自社株の70％を保有しているため、自社株承継が課

題。

■相続税や納税準備の側面

　短期的に相続が発生した場合、相続税の納税原資が不足する可能性が高い。

■資産運用に係る側面

　相続税の巨額の納税を予定するならば、現状のポートフォリオは保守型の運用という投資目標から隔離したアロケーションになっている可能性がある。

3．対策のご提案

■経営・事業戦略について

●赤門アカデミーの学習塾事業は単独で成長シナリオを描くことが困難であるため、事業譲渡を行う。

●一方、不動産事業は安定的に収益を生み出しているため、事業譲渡を行わない。

■スキームの提案

●赤門アカデミーは学習塾事業株式を売却した後（正隆氏は70％を保有）、資産管理会社に転業し、金融資産などの資産運用を行う。

●資産管理会社の1株あたり利益は0円、1株あたり配当は0.1円（いずれも額面50円換算）になるようにする。

　➡生命保険、リース、退職金などの費用計上による

■現状資産の管理・運用について

●大部分が自社株、次いで金融資産であり、相続税評価額の観点から、自社株の評価が下がった時点で、相続時精算課税制度を活用して、正隆氏の保有株式を正弘氏に贈与することも考えられる。その際は長女の景子氏の遺留分相当額に留意しなければならない。すなわち、資産の大部分が自社株であり、承継者である正弘氏に集中してしまう。景子氏はこれには納得している様子であるが、何らかの生前贈与を景子氏にも行い、遺留分の生前放棄や公正証書遺言の作成を行う（法的にも担保する）ことが考えられる。

■納税準備資金について

●①現状、相続が発生した場合、正弘氏の納税準備資金は不足しない。

　➡一次相続：相続税8億4,000万円、納税準備資金10億9,000万円

　➡二次相続：相続税2億7,000万円、納税準備資金3億5,000万円

●②学習塾事業売却後、資産管理会社に転業し、資産管理会社の1株あたり利益は0円、1株あたり配当は0.1円（いずれも額面50円換算）になるようにし、評価減後に、相続時精算課税制度の適用を行い、正隆氏保有株式を正弘氏に生前贈与することも考えられる。

　➡一次相続：相続税11億3,000万円、納税準備資金44億3,000万円

　➡二次相続：相続税3億1,000万円、納税準備資金36億4,000万円（学習塾売却対価を全額金融資産で運用する場合。相続時精算課税制度適用時の贈与税を含む）

　学習塾事業の売却対価を金融資産で運用した場合、自社株を資産管理会社で買い取る、資産管理会社から借入れるなど、相続税の納税資金として用いることができるため、納税資金に大きな問題は生じない。売却対価の一部で不動産を購入することにより、さらなる相続税減税を図ることも考えられる（ただし、相続税減税だけでなく、分散投資の視点も重要）。

●③②に加えて、5億円（資産管理会社から拠出）で財団を設立し、教育資金の一括贈与（非課税）6,000万円（1,500万円×孫4人）を行った場合、相続税が減少する。

　➡一次相続：相続税9億2,000万円、納税準備資金38億7,000万円

　➡二次相続：相続税2億9,000万円、納税準備資金31億4,000万円（相続時精算課税制度適用時の贈与税を含む）

山室家のスリーサークル

山室家の「所有」「ファミリー」「事業経営」の課題は、以下のとおりと考えられます。

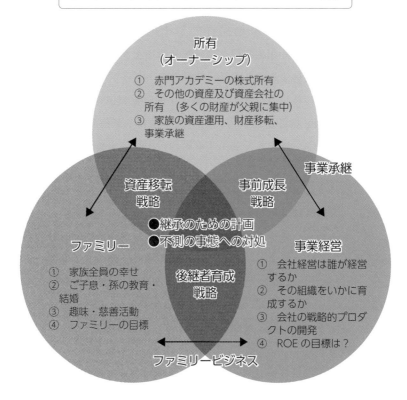

ファミリービジネス
事業承継・財産承継を考える時欧米でよく使われる概念

所有
（オーナーシップ）
① 赤門アカデミーの株式所有
② その他の資産及び資産会社の所有 （多くの財産が父親に集中）
③ 家族の資産運用、財産移転、事業承継

事業承継

資産移転戦略

事前成長戦略

●継承のための計画
●不測の事態への対処

ファミリー
① 家族全員の幸せ
② ご子息・孫の教育・結婚
③ 趣味・慈善活動
④ ファミリーの目標

後継者育成戦略

事業経営
① 会社経営は誰が経営するか
② その組織をいかに育成するか
③ 会社の戦略的プロダクトの開発
④ ROEの目標は？

ファミリービジネス

4．最適資産配分のご提案

■現在の資産配分

【現在】

【モデル・ポートフォリオ】

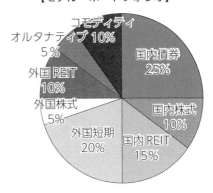

■現在の資産配分について

●現在の金融資産の資産配分は国内短期52％、国内債券26％、外国債券22％。当該ポートフォリオの期待リターンは年率0.9％、リスク（標準偏差）は2.8％。金融資産は統計的に95％の確率で最大損失は3.6％以下と推定される。

●また、国内短期の保有割合が高く、国内債券の保有比率が低い。

●学習塾事業の売却により、資産管理会社（旧赤門アカデミー）の金融資産が増加し、相続税に対する、納税準備資金が大きく改善されるため、よりリスクを取った資産運用を行うことが可能になると考えられる。

■最適資産配分について

●対策後に一次相続、二次相続が発生すると仮定した場合、一次相続9億2,000万円＋二次相続2億9,000万円＝12億1,000万円の相続税が発生するが、納税準備資金が70億円超あり、納税準備資金に余裕があるため、標準型の運用とする。

●資金の使用目的により、運用方法や資産配分を変えることは、必ずしも効率的でない。しかし、行動ファイナンス的には、相続税の支払いに必要となる資金は、国内短期、債券など元本確保型のアセット・クラスの比重が高い、保守型や安定型のポートフォリオでの運用で資産を保全するのが安

心という顧客も多い。顧客の心理を鑑み、ウエルス・マネジャーは、相続税の納税に必要な資金は保守型、安定型とし、残りをやや積極的なポートフォリオとすることも可能である。

● 金融資産を国内債券25%、国内株式10%、国内REIT15%、外国短期20%、外国株式5%、外国REIT10%、オルタナティブ5%、コモディティ10%の配分にすると、期待リターンは年率3.2%、リスク（標準偏差）は8.4%になる。

■提案資産配分でのリスク・リターン特性

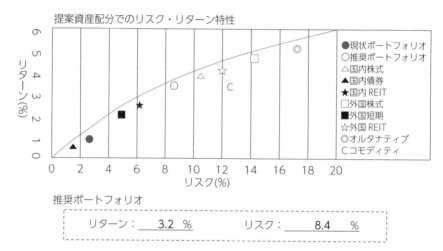

提案資産配分でのリスク・リターン特性

推奨ポートフォリオ

リターン：	3.2 ％	リスク：	8.4 ％

■リバランス方針

● ポートフォリオは少なくとも1年に1回、また株価下落や急騰などの相場急変により、各アセット・クラスで設定したリバランスの乖離許容幅を超えた場合は適時リバランスを実行。保有ポートフォリオのリスク特性を保ち、保守的なリスク許容度に合致するアセット・アロケーションを維持する。

5．資産配分案を実現するための商品のご提案

流動性を確保する観点から、純資産額の多い投資信託などに投資を行う。

国内債券	個人向け国債（変動10年）
国内株式	TOPIX連動型上場投資信託
国内REIT	東証REIT指数連動型上場投信
外国短期	Short-TermBondETF
外国REIT	VanguardREITETF
外国株式	SPDR S&P500E1
オルタナティブ	IQHedgeMulti-StrategyTrackerETF
コモディティ	SPDRGoldShares

6．参考資料
(1)　山室ファミリー相続税
一次相続税（現状）

（単位：千円）

		合計	清子	正弘	景子
居住用不動産	自宅土地	72,000	72,000	0	0
	自宅家屋	68,000	68,000	0	0
居住用不動産	別荘土地	35,200	35,200	0	0
	別荘家屋	63,000	63,000	0	0
自社株	赤門アカデミー	1,130,080	0	1,130,080	0
金融資産①	預貯金	200,000	0	200,000	0
	日本国債	100,000	0	100,000	0
	米国債	87,000	0	87,000	0
死亡退職金②		700,000	350,000	175,000	175,000
死亡退職金の非課税限度額		−15,000	−7,500	−3,750	−3,750
課税価格		2,440,280	580,700	1,688,330	171,250
基礎控除額		−48,000			
課税遺産総額		2,392,280			
法定相続割合		100%	50%	25%	25%
法定相続金額		2,392,280	1,196,140	598,070	598,070
相続税の総額		1,099,947	585,877	257,035	257,035
按分割合		100%	24%	69%	7%
各人の相続税額		1,099,947	261,748	761,008	77,190
配偶者の税額軽減額			−261,748		
相続税額A		838,199	0	761,008	77,190
相続税納税準備資金（①〜②）B		1,087,000	350,000	562,000	175,000
相続税支払余力（B−A）		248,801	350,000	−199,008	97,810

二次相続税（現状）

(単位：千円)

		合計	正弘	景子
居住用不動産	自宅土地	72,000	36,000	36,000
	自宅家屋	68,000	34,000	34,000
居住用不動産	別荘土地	35,200	17,600	17,600
	別荘家屋	63,000	31,500	31,500
自社株	赤門アカデミー	161,440	161,440	
死亡退職金①		350,000	175,000	175,000
課税価格		749,640	455,540	294,100
基礎控除額		−42,000		
課税遺産総額		707,640		
法定相続割合		100%	50%	50%
法定相続金額		707,640	353,820	353,820
相続税の総額		269,820	134,910	134,910
按分割合		100%	61%	39%
各人の相続税額		269,820	163,964	105,856
相続税額A		269,820	163,964	105,856
相続税納税準備資金（①）B		350,000	175,000	175,000
相続税支払余力（B−A）		80,180	11,036	69,144

(2) 赤門アカデミー　自社株評価

赤門アカデミー株式の相続税評価額（規模は大会社）

A. 類似業種比準方式

類似業種比準方式の算定式

$$A \times \left(\dfrac{\overset{(配当)}{\dfrac{b}{B}} + \overset{(利益)}{\dfrac{c}{C}} + \overset{(簿価純資産)}{\dfrac{d}{D}}}{3} \right) \times 大会社0.7$$

A：上場企業の業種別平均株価

b、c、d：評価会社の1株あたりの金額

B、C、D：上場企業の業種別1株あたり金額

1．1株あたりの資本金等の額等の計算

① 直前期末の資本金等の額（円）	② 直前期末の発行済株式数（株）	③ 直前期末の自己株式数（株）	④ 1株あたりの資本金の額（円）（①÷（②−③））（円）	⑤ 1株あたりの資本金等の額を50円とした場合の発行済み株式数（株）
80,000,000	1,600	0	50,000	1,600,000

2．類似業種比準価額の計算

類似業種		学習支援業
類似業種の株価	月	株価（円）
ア．課税時期の属する月	6月	229
イ．課税時期の属する月の前月	5月	237
ウ．課税時期の属する月の前々月	4月	245
エ．前年平均株価		240
オ．課税時期の属する月以前2年間の平均株価		215
A（ア〜オのうち　最も低いもの）		215

Ⓐ　1株あたりの比準価額（円）　　3,411,800

教育、学習支援業113

比準割合の計算						
区分	1株（50円）あたりの年配当金額（円）		1株（50円）あたりの年利益金額（円）		1株（50円）あたりの純資産価額	
評価会社*	b	0	c	237	d	2,625
類似業種	B	5	C	24	D	205
要素別比準割合	b/B	0.00	c/C	9.87	d/D	12.80
H.比準割合	b/B+c/C+d/D ＝22.67					
1株（50円）あたりの比準価額	A ×H×0.7＝3,411.80					

＊50円あたりの株数（実際の株数と異なる場合もある）で算定することに注意

B. 純資産価額方式

純資産価額方式の算定式

1株あたりの純資産価額＝（相続税評価額により計算した総資産価額－相続税評価額により計算した負債の額－評価差額に対する法人税額等相当額*）÷課税時期における発行済株式数

＊評価差額に対する法人税額相当額＝（相続税評価額による純資産価額－帳簿価額による純資産価額）×37％

（単位：千円*）

	資産の部	負債の部
相続税評価額	4,997,000	796,000
帳簿価額	4,997,000	796,000

＊千円未満切り捨て

Ⓑ　1株あたりの純資産価額（円）　　4,201,000

Ⓒ　1株当たりの価額（円）　　3,411,800　（ⒶとBⒷの低い方）

Ⓓ　株式の評価額（円）　　5,458,880,000　（Ⓒ×株数）

赤門アカデミー株式の法人税法上の時価（規模は小会社）

A. 類似業種比準方式

類似業種比準方式の算定式

$$A \times \left(\dfrac{\dfrac{b}{B} + \dfrac{c}{C} + \dfrac{d}{D}}{3} \right) \times 小会社0.5$$

（配当）（利益）（簿価純資産）

A：上場企業の業種別平均株価

b、c、d：評価会社の1株あたりの金額

B、C、D：上場企業の業種別1株あたり金額

1. 1株あたりの資本金等の額等の計算

① 直前期末の資本金等の額（円）	② 直前期末の発行済株式数（株）	③ 直前期末の自己株式数（株）	④ 1株あたりの資本金の額（円）(①÷(②-③))（円）	⑤ 1株あたりの資本金等の額 を50円とした場合の発行済み株式数（株）
80,000,000	1,600	0	50,000	1,600,000

2. 類似業種比準価額の計算

類似業種	学習支援業	
類似業種の株価	月	株価（円）
ア．課税時期の属する月	6月	229
イ．課税時期の属する月の前月	5月	237
ウ．課税時期の属する月の前々月	4月	245
エ．前年平均株価		240
オ．課税時期の属する月以前2年間の平均株価		215
A（ア～オのうち　最も低いもの）		215

Ⓐ　1株あたりの比準価額（円）　　2,437,000

教育、学習支援業113

比準割合の計算			
区分	1株（50円）あたりの年配当金額（円）	1株（50円）あたりの年利益金額（円）	1株（50円）あたりの純資産価額
評価会社*	b　　0	c　　237	d　　2,625
類似業種	B　　5	C　　24	D　　205
要素別比準割合	b/B　0.00	c/C　9.87	d/D　12.80
H.比準割合	b/B+c/C+d/D =22.67		
1株（50円）あたりの比準価額	A ×H×0.5=2,437.00		

*50円あたりの株数（実際の株数と異なる場合もある）で算定することに注意

B. 純資産価額方式

純資産価額方式の算定式

1株あたりの純資産価額 =（相続税評価額により計算した総資産価額 − 相続税評価額により計算した負債の額）÷課税時期における発行済株式数

（単位：千円*）

	資産の部	負債の部
相続税評価額	4,997,000	796,000
帳簿価額	4,997,000	796,000

＊千円未満切り捨て

Ⓑ　1株あたりの純資産価額（円）　　4,201,000

Ⓒ　1株当たりの価額（円）　　2,437,000　（ⒶとBⒷの低い方）

Ⓓ　株式の評価額（円）　　3,899,200,000　（Ⓒ×株数）

(b) M&A（同業他社への売却）

問題3 ▶ 解答例　Executive Summary
(b) M&A（同業他社への売却）

---

(1) 提案の前提、事業の現状

●学習塾業界は少子化による低迷により、競争が激化しており、単独での生き残りが困難になりつつある。

●正隆氏は長男の正弘氏を後継者として考えていないため、後継者となる経営者を確保する必要がある。

●同業他社が買収に興味を示している。

●同業他社との再編を通じたと企業価値向上に取り組むことにより、さらなる成長シナリオを描くことができる。

(2) 将来のシナリオと提案する事業戦略

●赤門アカデミー単独では成長シナリオを描くことが困難であるため、同業他社からの51％買収オファーを受け入れ、赤門アカデミー株式を売却する。

- ●赤門アカデミーが同業他社の子会社になり、協業を進めることにより、シナジーを発揮し、再度成長軌道に乗せていく。
- ●同業他社が将来的に赤門アカデミーの完全子会社化を希望する場合、相続発生後に残りの49％の株式を売却し、同業他社の完全子会社になることが考えられる。

(3)　提案するストラクチャー

- ●赤門アカデミー株式を売却した後（正隆氏は49％を保有）、資産管理会社を設立し、正隆氏の赤門アカデミー株式売却対価7億円を資産管理会社に移転する。
- ●資産管理会社の1株あたり利益は0円、1株あたり配当は0.1円（いずれも額面50円換算）になるようにする。
  - ➡生命保険、リース、退職金などの費用計上による
- ●ファミリーオフィスの運営も支援する。
- ●売却資金は金融資産などで運用する。

(4)　期待される効果

- ●納税準備資金の確保
- ①　現状、相続が発生した場合、一次相続時に正弘氏の納税準備資金は不足しない。
  - ➡一次相続：相続税8億4,000万円、納税準備資金10億9,000万円、二次相続：相続税2億7,000万円、納税準備資金3億5,000万円
- ②　赤門アカデミー株式を売却した場合、売却対価は相続税評価が100％になるが、正隆氏保有の49％持分は配当還元方式による評価になるため、相続税は減少し、相続税納税準備資金は増加する。
  - ➡一次相続：相続税6億3,000万円、納税準備資金17億8,000万円、二次相続：相続税3億6,000万円、納税準備資金7億円
- ③　資産管理会社を設立し、正隆氏の赤門アカデミー売却対価7億円を資産管理会社に移転することにより、②のケースに比べて、相続税を1億5,000万円減らすことができる。

➡一次相続：相続税４億8,000万円、納税準備資金17億8,000万円、二次
　相続：相続税３億6,000万円、納税準備資金７億円

④　③に加えて、５億円で財団を設立し、教育資金の一括贈与（非課税）
　6,000万円（1,500万円×孫４人）を行った場合、②のケースに比べて、
　相続税を３億円減らすことができる。

➡一次相続：相続税３億3,000万円、納税準備資金12億2,000万円、二次
　相続：相続税３億6,000万円、納税準備資金７億円

(5) 資産運用の提案

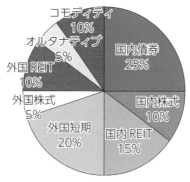

	アセットクラス	比率	商　品
1	国内債券	25%	個人向け国債（変動10年）
2	国内株式	10%	TOPIX連動型上場投資信託
3	国内REIT	15%	東証REIT指数連動型上場投信
4	外国短期	20%	Short-Term Bond ETF
5	外国株式	5%	SPDR S&P500 ETF
6	外国REIT	10%	Vanguard REIT ETF
7	オルタナティブ	5%	IQ Hedge Multi-Strategy Tracker ETF
8	コモディティ	10%	SPDR Gold Shares
		100%	

(6) 運用戦略と運用方針

- 現在の金融資産の資産配分は国内短期52％、国内債券26％、外国債券22％。当該ポートフォリオの期待リターンは年率0.9％、リスク（標準偏差）は2.8％。金融資産は統計的に95％の確率で最大損失は3.6％以下と推定される。

- また、国内短期の保有割合が高く、国内債券の保有比率が低い。

- 赤門アカデミー株式の売却により、金融資産が増加し、相続税に対する、納税準備が大きく改善されるため、よりリスクを取った資産運用を行うことが可能になると考えられる。

- 対策後に一次相続、二次相続が発生すると仮定した場合、一次相続3億3,000万円＋二次相続3億6,000万円＝6億9,000万円の相続税が発生するが、納税準備資金が一次相続時に12億2,000万円、二次相続時に7億円あり、納税準備資金に余裕があるため、標準型の運用とする。

- 金融資産を国内債券25％、国内株式10％、国内REIT15％、外国短期20％、外国株式5％、外国REIT10％、オルタナティブ5％、コモディティ10％の配分にすると、期待リターンは年率3.2％、リスク（標準偏差）は8.4％になる。

問題3 ▶ 解答例　サマリーを導くための検討過程、根拠等を示す資料
　　　　　　　(b)　M&A（同業他社への売却）

1．当政策書が実現しようとしているファイナンシャル・ゴール

■赤門アカデミーの今後の経営方針

　シナジーを発揮することができる同業他社に51％の持分を売却するとともに経営人材を受け入れ企業価値の向上を目指す。同業他社が将来的に赤門アカデミーの完全子会社化を希望する場合、相続発生後に残りの49％の株式を売却し、同業他社の完全子会社になることが考えられる。

■赤門アカデミーの所有の方針

　単独では成長シナリオを描くことが困難である。また、ネット・キャッシュ23億円の潜在価値が未実現のままである。したがって、成長を継続し、ネット・

キャッシュ23億円の潜在価値を実現するため、同業他社の買収オファーを受け入れ、赤門アカデミー株式の51%売却を行う。

■ファミリーの目標

●正隆氏は、赤門アカデミー株式売却後は、会長や顧問として、新経営陣をサポートする。実質的経営権は同業他社に委譲する。事後、妻の清子氏と余生を謳歌、ゴルフ等を楽しみ、健康で精神的にも豊かな生活を送る。

●赤門アカデミー株式の売却対価は資産管理会社を設立し、運用する。残りの赤門アカデミー株式の評価は配当還元方式になり、大幅に下がるため、長男の正弘氏に相続時精算課税制度で贈与を行う。

●財団法人を設立し、教育面から次世代の起業家育成を行う。そして、孫の教育を支援するため、教育資金一括贈与の非課税制度を活用し、孫1人につき、1,500万円、合計6,000万円を贈与する。

●さらに、ファミリー・ガバナンスを強化するため、ファミリー・ミッション・ステートメント、ファミリー会議などの仕組みを導入する。

2．ファイナンシャル・ゴールを達成するにあたってのご希望及び不安点

■事業に係る側面

●過去2年売上高の伸びが低迷しているため、再成長軌道に乗せる。

●同業他社からのM&Aオファーを受け入れるべきか。

■ご家族に係る側面

　長女の景子氏は渉外弁護士の夫と結婚し、専業主婦として、安定した生活が見込まれるが、長男の正弘氏は赤門アカデミーの後継者にならないため、将来的にどのような仕事に携わっていくか。

■財産分散の側面・自社株の所有の側面

●ファミリーの資産が自社株に集中しているため、自社株価値の変化の影響を受けやすい。

●正隆氏が依然として自社株の70%を保有しているため、自社株承継が課題。

■相続税や納税準備の側面

　短期的に相続が発生した場合、相続税の納税原資が不足する可能性が高い。

■資産運用に係る側面

　相続税の巨額の納税を予定するならば、現状のポートフォリオは保守型の運用という投資目標から隔離したアロケーションになっている可能性がある。

3．対策のご提案

■経営・事業戦略について

●赤門アカデミー単独では成長シナリオを描くことが困難であるため、同業他社からの51％買収オファーを受け入れ、赤門アカデミー株式を売却する。

●赤門アカデミーが同業他社の子会社になり、同業他社との協業を進めることにより、シナジーを発揮し、再度成長軌道に乗せる。

■スキームの提案

●赤門アカデミー株式を売却した後（正隆氏は49％を保有）、資産管理会社を設立し、正隆氏の赤門アカデミー株式売却対価7億円を資産管理会社に移転する。

●資産管理会社の1株あたり利益は0円、1株あたり配当は0.1円（いずれも額面50円換算）になるようにする。

　➡生命保険、リース、退職金などの費用計上による

■現状資産の管理・運用について

●赤門アカデミー株式を売却した場合、正隆氏に税引後の手取で7億円のキャッシュが入り、キャッシュは100％の相続税評価になるため、相続税負担が重くなる。

●資産管理会社を設立し、キャッシュ、金融資産などの相続税評価額が高くなる資産を資産管理会社に移転することが考えられる。

■納税準備資金について

①　現状、相続が発生した場合、正弘氏の納税準備資金は不足しない。

　➡一次相続：相続税8億4,000万円、納税準備資金10億9,000万円

　➡二次相続：相続税2億7,000万円、納税準備資金3億5,000万円

②　赤門アカデミー株式を売却した場合、売却対価は相続税評価が100％になるが、正隆氏保有の49％持分は配当還元方式による評価になるため、相

続税は減少し、相続税納税準備資金は増加する。

➡ 一次相続：相続税 6 億3,000万円、納税準備資金17億8,000万円

➡ 二次相続：相続税 3 億6,000万円、納税準備資金 7 億円

③　資産管理会社を設立し、正隆氏の赤門アカデミー株式売却対価 7 億円を資産管理会社に移転することにより、②のケースに比べて、相続税を 1 億5,000万円減らすことができる。

➡ 一次相続：相続税 4 億8,000万円、納税準備資金17億8,000万円

➡ 二次相続：相続税 3 億6,000万円、納税準備資金 7 億円

④　③に加えて、5 億円で財団を設立し、教育資金の一括贈与（非課税）6,000万円（1,500万円×孫 4 人）を行った場合、②のケースに比べて、相続税を 3 億円減らすことができる。

➡ 一次相続：相続税 3 億3,000万円、納税準備資金12億2,000万円

➡ 二次相続：相続税 3 億6,000万円、納税準備資金 7 億円

山室家のスリーサークル

（P.174参照）

4．最適資産配分のご提案

（以下を除き、P.175〜P.176参照）

■最適資産配分について

● 対策後に一次相続、二次相続が発生すると仮定した場合、一次相続 3 億3,000万円＋二次相続 3 億6,000万円＝ 6 億9,000万円の相続税が発生するが、納税準備資金が一次相続時に12億2,000万円、二次相続時に 7 億円あり、納税準備資金に余裕があるため、標準型の運用とする。

5．資産配分案を実現するための商品のご提案

（P.176〜P.177参照）

6．参考資料

（P.177〜P.182参照）

(c)　同族外事業承継

問題3 ▶解答例　Executive Summary　(c)　同族外事業承継

(1)　提案の前提、事業の現状

●関東全域で小・中・高受験生向けの学習塾として確固たる基盤を有している。

●赤門アカデミーが主体性を維持した形での生き残りが可能であると考えられる。

●正隆氏は長男の正弘氏を後継者とは考えていないため、水谷取締役運営部長を後継者に指名する。

●水谷取締役運営部長は法定相続人である清子氏、正弘氏が赤門アカデミー株式を相続後、自分は解任されることを懸念している。

(2)　将来のシナリオと提案する事業戦略

●少子化により、学習塾業界が低迷する中、業務・資本提携を行わずに成長を続けることは困難であると考えられる。

●関東以外の地域に事業基盤を有する学習塾、個別指導に強みを有する学習塾などの赤門アカデミーと相互補完的な学習塾との業務、資本提携を検討することが考えられる。

●業務・資本提携を行うことによる経営資源共有により、ノウハウの強化による生徒数の拡大やコスト削減が見込まれる。

(3)　提案するストラクチャー

●正隆氏の株式800株（50%）を信託し、議決権と経済的持分に分離する。

●経済的持分については、正隆氏が代表取締役社長を退任する際には、役員退職慰労金の支給により株価が大きく下落する可能性があるので、相続時精算課税制度による正弘氏への株式の移転を検討する。

●預貯金や役員退職慰労金の一部を原資に財団法人を設立。

(4)　期待される効果

●納税準備資金

① 現状、相続が発生した場合、一次相続時に正弘氏の納税準備資金は不足しない。

➡一次相続：相続税8億4,000万円、納税準備資金10億9,000万円

➡二次相続：相続税2億7,000万円、納税準備資金3億5,000万円

② 退職慰労金の支給等により赤門アカデミー株式の評価額が下がっているタイミングで相続時精算課税制度の適用を行う（1株あたり利益は0円、1株あたり配当は0.1円（いずれも額面50円換算）。

➡一次相続：相続税4億7,000万円、納税準備資金9億1,000万円

➡二次相続：相続税1億8,000万円、納税準備資金2億6,000万円（相続時精算課税制度適用時の贈与税を含む）

その結果、相続税が減少するため、納税準備資金に余裕が出ることが想定される。

③ ②に加えて、3億円で財団を設立し、教育資金の一括贈与（非課税）6,000万円（1,500万円×孫4人）を行った場合、さらに相続税が減少する。

➡一次相続：相続税3億5,000万円、納税準備資金5億5,000万円

➡二次相続：相続税1億2,000万円、納税準備資金1億1,000万円（相続時精算課税制度適用時の贈与税を含む）

(5) 資産運用の提案

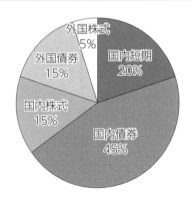

	アセットクラス	比率	商　品
1	国内短期	20%	個人向け国債（変動10年）
2	国内債券	45%	TOPIX連動型上場投資信託
3	国内株式	15%	東証REIT指数連動型上場投信
4	外国債券	15%	Short-Term Bond ETF
5	外国株式	5%	SPDR S&P500 ETF
		100%	

(6)　運用戦略と運用方針

●現在の金融資産の資産配分は国内短期52％、国内債券26％、外国債券22％。当該ポートフォリオの期待リターンは年率0.9％、リスク（標準偏差）は2.8％。金融資産は統計的に95％の確率で最大損失は3.6％以下と推定される。

●相続税と納税準備資金が拮抗しているため、金融資産は相続税の納税準備のため、保守的に運用を行う必要があると考えられる。

●一方、現状ポートフォリオは国内短期の保有比率が高く、国内債券、国内株式の保有割合が低くなっている。

●対策後に一次相続、二次相続が発生すると仮定した場合、一次相続３億5,000万円＋二次相続１億2,000万円＝４億7,000万円の相続税が発生するため、現状の金融資産を相続税支払いに充てる必要がある。リスク資産の価格下落リスクや、将来、相続税が引き上げられるなどの税務リスクを鑑み、資金は安定型の運用とする。

●金融資産を国内短期20％、国内債券45％、国内株式15％、外国債券15％、外国株式５％の配分にすると、期待リターンは年率1.8％、リスク（標準偏差）は4.6％になる。

問題３▶解答例　サマリーを導くための検討過程、根拠等を示す資料
Ⓒ　同族外事業承継

1．当政策書が実現しようとしているファイナンシャル・ゴール

■赤門アカデミーの今後の経営方針

●正隆氏の後継者を水谷取締役運営部長と決定し、赤門アカデミーの持続的成長を実現する。

■赤門アカデミーの所有の方針

●後継者を水谷氏と決定する一方、正隆氏保有の赤門アカデミー株式800株（50％）を信託し、議決権と経済的持分に分離する。800株分の議決権（50％）は水谷氏に付与し、経済的持分および信託未設定株式は正弘氏に相続させる。

　信託設定期間は水谷氏が65歳になるまでとし、モラル・ハザードを回避するため、3期連続営業減益、2期連続営業赤字が生じた場合は、信託契約が解除され、山室家の議決権が100％になるものとする。

■ファミリーの目標

●正隆氏は、次の株主総会で代表取締役社長を退任し、実質的経営権は代表取締役社長に就任する水谷氏に承継する。事後、妻の清子氏と余生を謳歌、ゴルフ等を楽しみ、健康で精神的にも豊かな生活を送る。

　また、財団法人を設立し、教育面から次世代の起業家育成を行う。

　そして、孫の教育を支援するため、教育資金一括贈与の非課税制度を活用し、孫1人につき、1,500万円、合計6,000万円を贈与する。

　さらに、ファミリー・ガバナンスを強化するため、ファミリー・ミッション・ステートメント、ファミリー会議などの仕組を導入する。

2．ファイナンシャル・ゴールを達成するにあたってのご希望及び不安点
■事業に係る側面

　赤門アカデミーの事業成長のための最大の課題は、少子化により低迷する中、後継者を決定し、持続可能な成長を実現できるかである。

192

■ご家族に係る側面

　長女の景子氏は渉外弁護士の夫と結婚し、専業主婦として、安定した生活が見込まれるが、長男の正弘氏は赤門アカデミーの後継者にならないため、将来的にどのような仕事に携わっていくか。

■財産分散の側面・自社株の所有の側面

　財産の中で大きな比重を占める赤門アカデミー株式を長男の正弘氏へ集中的に承継させるならば、正弘氏の相続税負担が大きくなる。

■相続税や納税準備の側面

　短期的に相続が発生した場合、相続税の納税原資が不足する可能性が高い。

■資産運用に係る側面

　相続税の巨額の納税を予定するならば、現状のポートフォリオは保守型の運用という投資目標から隔離したアロケーションになっている可能性がある。

3．対策のご提案

■経営・事業戦略について

●少子化により、市場規模が低迷する中、業界再編が進んでおり、単独での成長維持は困難であると考えられる。したがって、相互補完関係にある同業他社との資本・業務提携（経営の独立性を維持する前提）を検討する。

●関東以外の地域に事業基盤を有する学習塾、個別指導に強みを有する学習塾などの赤門アカデミーと相互補完的な学習塾との業務、資本提携を検討することが考えられる。

●業務・資本提携を行うことによる経営資源共有により、ノウハウの強化による生徒数の拡大やコスト削減が見込まれる。

■スキームの提案

●後継者を水谷氏と決定する一方、正隆氏保有の赤門アカデミー株式800株（50％）を信託し、議決権と経済的持分に分離する。800株分の議決権（50％）は水谷氏に付与し、経済的持分および信託未設定株式は正弘氏に相続させる。信託設定期間は水谷氏が65歳になるまでとし、モラル・ハ

ザードを回避するため、3期連続営業減益、2期連続営業赤字が生じた場合は、信託契約が解除され、山室家の議決権が100％になるものとする。

■現状資産の管理・運用について

●大部分が自社株、次いで金融資産であり、相続税評価額の観点から、自社株の評価が下がった時点で、相続時精算課税制度を活用して、正隆氏の保有株式を正弘氏に贈与することが考えられる。その際は長女の景子氏の遺留分相当額に留意しなければならない。すなわち、資産の大部分が自社株であり、承継者である正弘氏に集中してしまう。景子氏はこれには納得している様子であるが、何らかの生前贈与を景子氏にも行い、遺留分の生前放棄や公正証書遺言の作成を行う（法的にも担保する）ことが考えられる。

■納税準備資金について

●代表取締役退任に伴う正隆氏に対する役員退職慰労金の支給に加え、事業戦略的な観点から特別償却の対象となる設備投資や損金計上保険の加入等により、赤門アカデミーの所得が0であったと仮定した場合（配当は比準割合0.1円）、赤門アカデミー株式全体の相続税評価額は現状の16億1,000万円から6億9,000万円程度まで減少する。

相続評価減後の正隆氏の持株比率70％相当額は5億円程度であるが、相続時精算課税制度を適用することにより9,000万円程度の贈与税によって、株式を正弘氏に移転することが可能である（ただし、相続時に要精算）。

また、5億円を拠出して、財団法人を設立し、教育資金の一括贈与（非課税）4,500万円（1,500万円×孫3人）を行うことで、相続税はさらに減少する。

●①現状、相続が発生した場合、正弘氏の納税準備資金は不足しない。

　➡一次相続：相続税8億4,000万円、納税準備資金10億9,000万円

　➡二次相続：相続税2億7,000万円、納税準備資金3億5,000万円

●②退職慰労金の支給等により赤門アカデミー株式の評価額が下がっているタイミングで相続時精算課税制度の適用を行う（相続時精算課税制度適用時の贈与税を含む）。

　➡一次相続：相続税4億7,000万円、納税準備資金9億1,000万円

　➡二次相続：相続税1億8,000万円、納税準備資金2億6,000万円

●③②に加えて、3億円で財団を設立し、教育資金の一括贈与（非課税）6,000
万円（1,500万円×孫4人）を行った場合、さらに相続税が減少する（相
続時精算課税制度適用時の贈与税を含む）。

➡一次相続：相続税3億5,000万円、納税準備資金5億5,000万円

➡二次相続：相続税1億2,000万円、納税準備資金1億1,000万円

　その結果、一次・二次相続合計の納税資金資金の流動比率は100％を超え、
納税資金に大きな問題は生じないと考えられる。

山室家のスリーサークル

（P.174参照）

4．最適資産配分のご提案
■現在の資産配分

【現在】

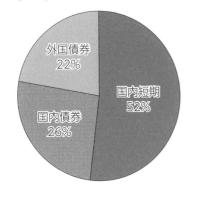

【モデル・ポートフォリオ】

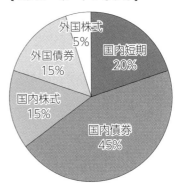

■現在の資産配分について

●現在の金融資産の資産配分は国内短期52％、国内債券26％、外国債券
22％。当該ポートフォリオの期待リターンは年率0.9％、リスク（標準偏差）
は2.8％。金融資産は統計的に95％の確率で最大損失は3.6％以下と推定さ
れる。

●相続税と納税準備資金が拮抗しているため、金融資産は相続税の納税準備
資金のため、保守的に運用を行う必要があると考えられます。

●一方、現状ポートフォリオは国内短期の保有比率が高く、国内債券、国内株式の保有割合が低い。

■最適資産配分について

●資金の使用目的により、運用方法や資産配分を変えることは、必ずしも効率的でない。しかし、行動ファイナンス的には、相続税の支払いに必要となる資金は、国内短期など元本確保型のアセット・クラスの比重が高い、保守型や安定型のポートフォリオでの運用で資産を保全するのが安心という顧客も多い。顧客の心理を鑑み、ウエルス・マネジャーは、相続税の納税に必要な資金は保守型、安定型とし、残りをやや積極的なポートフォリオとすることも可能である。

●対策後に一次相続、二次相続が発生すると仮定した場合、一次相続3億5,000万円＋二次相続1億2,000万円＝4億7,000万円の相続税が発生するため、現状の金融資産を相続税支払いに充てる必要があります。リスク資産の価格下落リスクや、将来、相続税が引き上げられるなどの税務リスクを鑑み、資金は安定型の運用とする。

●金融資産を国内短期20％、国内債券45％、国内株式15％、外国債券15％、外国株式5％の配分にすると、期待リターンは年率1.8％、リスク（標準偏差）は4.6％になる。

■提案資産配分でのリスク・リターン特性

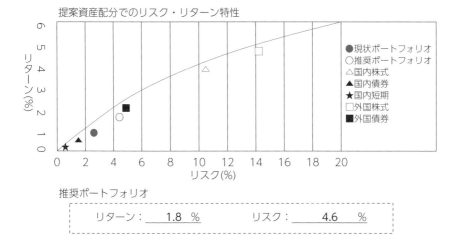

提案資産配分でのリスク・リターン特性

推奨ポートフォリオ

| リターン： | 1.8 ％ | リスク： | 4.6 ％ |

■リバランス方針

●ポートフォリオは少なくとも1年に1回、また株価下落や急騰などの相場急変により、各アセット・クラスで設定したリバランスの乖離許容幅を超えた場合は適時リバランスを実行。保有ポートフォリオのリスク特性を保ち、保守的なリスク許容度に合致するアセット・アロケーションを維持する。

5．資産配分案を実現するための商品のご提案

　流動性を確保する観点から、比較的純資産額の多い投資信託などに投資を行う。

国内短期	普通預金
国内債券	個人向け国債（変動10年）
国内株式	TOPIX連動型上場投資信託
外国債券	Short−TermBondETF
外国株式	SPDRS&P500ETF

6．参考資料

（P.177～P.182参照）

第4章　まとめに代えて

「ファミリービジネスと一族の絆を強める資産運用のあり方」

PB教育委員会委員長　米田　隆

1　ファミリービジネス一族こそがプライベートバンキングの中核顧客

　私が北山先生と一緒に日本証券アナリスト協会が主催するPBセミナーのお手伝いをするようになって、12年余りになる。この間、セミナーの中で参加者の皆さんから、「競争入札を強いられる形で提案するのではなく、顧客から唯一選ばれる存在として提案できるようにするにはどうしたらよいか」と聞かれることがしばしばある。私が申し上げているのは、ファミリーの富の創造の活動の結果である現金、資金の運用のみに機会を求めようとすると、それはファミリーの活動の結果に対して、皆さんが自分の仕事を求めて集まってきただけに見えてしまう。そうすると、何社かとの競争入札に並ばされて、その中で選ばれるということになる。そうではなく、一族の富の源泉であるファミリービジネス自体の競争力を強化し、その永続化に貢献できるのであれば、その人には特別なシートが与えられて、アドバイザーとして資産運用の提案ができるのではと思う。プライベートバンカーの役割とは、まさにそういうことである。

　ここで、プライベートバンカーとして知るべきファミリービジネスについての知識を整理してみたい。ファミリービジネスは一般的に以下のように定義されている。

　ある企業において、特定の一族が当該企業の上位10位以内の大口株主の地位にあり、かつその特定の一族が代表取締役社長か代表取締役会長を輩出している場合、この企業をファミリービジネスと呼ぶ。

　これが、日本のファミリービジネスの定義で、一般にファミリービジネスは、公開会社のデータを見る限り非ファミリービジネスに対して、売上高当

期利益率や、総資産利益率で相対的に高いパフォーマンスを示している。しかし、パフォーマンスの平均値は高くても分散値（ばらつき）も大きく、過半の株式を持っているファミリーがうまく事業に関与したときにはパフォーマンスは良くなるが、うまく関与しないと悪くなる。事業への正しい関与を導くようなファミリーガバナンスが存在し、しっかりと事業自体をガバナンスできてくると、パフォーマンスも良くなる。つまり、一族がある規律をもって経営に臨む場合と、そうでない場合では、大きくパフォーマンスに違いがでてくるということである。

　一般に、経営を任される業務執行役と、経営を任す株主との間には、エージェンシー問題と言われる利益相反の問題がある。ファミリービジネスは、この問題がないからこそ、パフォーマンスが良い。一方、この利益相反の問題がコインの表側だとすれば、コインの裏側の問題として、経営者による私物化のリスクがある。株式公開をしている場合は、幸いなことに市場が種々の規律を経営者に課してくれるので、公開しているファミリービジネスは、良いパフォーマンスがでる。ただし、この公開会社をベースとした議論を、そのまま、非公開のファミリービジネスに適用できるかというと、必ずしもそうではない。非公開であればあるほど、公開会社に課されている資本市場の規律がない分、ファミリーガバナンスをどのように作っていくかがより重要になる。私物化やワンマン経営者の暴走のリスクをどの程度コントロールできるかが課題となる。

　個人資産に占める自社株比率が高いことの最大のリスクは、保有資産が未公開であり流動性がないということと、特定の1社の事業リスクに集中するということの2つである。一般に事業成長を支援するため、オーナーが会社への再投資を続ける結果、オーナー自身の個人資産に占める自社株比率が圧倒的に高くなるという問題を抱えている。こういう構造問題があるために、ファミリービジネスにおいては個人としての資産の流動性が重要なテーマになる。

　欧米では、ファミリーのメンバーである個人がファミリービジネスにどのように関与するかということを、契約や協約等の一族合意書によって決めている。日本のように、家訓というような精神的な規定ではなく、事業承継者

に求められる要件や具体的な就業の条件、さらには株式の評価方法などが意思決定の基準となるように具体的にかつ明確に書かれている。他にも、毎年保有持株の時価評価の50%を上限とする貸し付けが認められる、一族の方針に合わないものは株式を売却することができるといったことが明示されており、その結果、不必要な一族の争いを未然に解決することができる。

欧米で典型的にみられる一族協定の種類

主要要素	Family Statement 一族哲学の表明	Family Business Protocol 一族の企業における行動規範	Owner's Contract／Shareholder's Agreement 株主間契約	Family Constitution 一族憲章
目　的	一族に関して記載	一族事業に関して記載	株式に関して記載	一族、一族事業、株式などすべてにつき記載
特　徴	理念的で倫理的な強制力を伴う規範	倫理的な強制力を伴う規範に加え、一部法律的な強制力を伴う規範	法律的な強制力を伴う規範	左記のあらゆる強制力を伴う規範
必須項目	●一族の価値および信念 ●一族事業運営の基本方針	●一族事業の方針や手続き ●一族の就業や退職に関する規定 ●一族間の問題処理手続	●株式所有と統治のあり方についての一族事業のルール ●契約条項	左記のあらゆる事項
付随項目	行動計画	事業の基本運営方針によって規定される手続き	上記以外の他の事業運営に関する手続きの法文化	一族事業以外の一族機関の協定（財団等）

出典：Daniela Montemerlo & John L. Ward, The Family Constitution（2005）

② ファミリービジネスをめぐる事業環境変化〜Lの二極化と業界再編〜

ここで、日本のファミリービジネスの事業環境変化につき共有したい。グ

ローバル企業（Gの企業）とローカル企業（Lの企業）への二極化が今まで
進んできたといわれるが、これからは、ローカル企業（Lの企業）の二極化
が大きな問題になってくると考えている。

　グローバル企業の代表的なものは、自動車組立メーカーのように、世界
ベースで規模の経済性を競争するような業種や企業である。製造原価に占め
る労務費が高くなる人件費の高い国では生産設備は保有しないという選択を
することで、全世界ベースで最適な生産システムを考えるのがグローバル企
業である。一方、ローカル企業は次の2つのタイプがある。1つは対面サー
ビスを主とする、流通、飲食、教育等である。もう1つは粗利が小さく、保
管コスト・運搬コストが大きい砂利、コンクリートパイル、配合飼料などが
代表例である。グローバル企業は存続企業である限り、トップとボトムの生
産性の差が小さく、高いレベルでの競争が行われる。一方、ローカル企業は、
国際競争に直接さらされないことから、輸入された商品やサービスによる代
替が起こらないので、生産性の高いものと低いものが共存している。

　これまで日本では、雇用を守るということもあり、ローカル企業は種々の
方法で守られてきた。特に1947年から1949年に生まれた団塊の世代の雇用を
守るために、生産性の低い企業についても、政府のバックアップの下、個人
の保証や不動産担保による融資を使って存続させてきた結果、日本の産業構
造の高度化が進まなかったという実態がある。しかし、全国の有効求人倍率
がすべての都道府県で1倍を超える現在、生産性の低い企業から高い企業
に労働者を移す必要がある。人口が減少するなか、国が豊かであり続ける
ためには、1人あたりのGDPを上げる必要があるからである。1人あたり
のGDPは、国民がどのような産業構造の下で働いているかによって決まる。
少子高齢化が加速化する日本では今後時間あたりの付加価値の高い産業構造
を作ることが求められているのである。

　このローカル企業の二極化は、生産性の低いファミリービジネスの退出を
加速させる。企業買収が活発化し、業界の再編が起こるだろうというのが、
私の見方である。2025年頃には、東京の人口が減少に転じるが、このニュー
スはむしろ東京よりも地方の地価の下落を加速させる方向に働くだろうと考
えている。その結果、限界的に続いていた土地本位金融制度は完全に消滅す

るだろう。銀行の融資姿勢は大きく変わり、営業活動に伴うキャッシュフロー（税引後当期利益＋減価償却費−増加運転資本）がマイナスの企業の貸付金は不良債権として処理される。その結果、生産性の高い企業に労働者は移り、地方の金融機関の統合もさらに加速するだろうと考えている。

　この結果、地域金融機関と地域内ファミリービジネスが共生する形でこのような業界再編を効率的に進めていけば、日本の産業構造は高度化するだけでなく、バランスの取れた国土開発も同時に可能となる。ファミリービジネスの特徴は、その域内において、社会的な信用やその地位である社会関係資本というものを持つことである。利益を単なるファイナンシャルキャピタル（金融資本）へ配分するだけでなく、一族の価値観・ソーシャルキャピタル（社会関係資本）への配分も行う。こういったファミリービジネスと地域金融機関が共存してこそ、バランスのとれた国土開発の維持・発展も可能になる。私が地域金融機関を支援しているのはこういう理由である。

３　ファミリー企業をどのように分別し評価するか

　ファミリー企業をどのように分別し評価するかという点について、私は次のように考えている。まず、公開企業、未公開企業にかかわらず、市場で競争している限り事業の基礎体力の有無、つまり市場での競争力の有無で分別することが必要となる。競争力は２つに分けて考える。一つめは、相対的なマーケットシェアを増やしたか減らしたか。もう一つは財務で評価する際の粗利率が増えたのか減ったのかである。競争力がない企業は、相対的にマーケットシェアを減らし、粗利率も落とす。こういったクロス分析の結果、企業の競争力に課題があるかないかは簡単にわかる。例えば、ある企業とそのライバル企業を比較する場合、売上高の伸びを比較するだけでもよい。その企業の売上高が３％伸びていても、ライバル企業が５％伸びているなら、その企業はマーケットシェアを失っていることになる。そしてシェアを失い、粗利率も下がっていれば、市場での競争力が失われていると判断すべきである。

　事業の基礎体力（市場での競争力）がある場合は、次に事業承継者の有無が問題になる。事業の基礎体力があり、事業承継者がいれば本来は問題がな

いはずである。しかし、実際には問題がないことはほとんどない。例えば、父親が会長にいて、代表取締役ははずれたが、完全な禅譲をせず院政を敷く。具体的には、父親である会長が株を過半数握り続けている。そのために、一族事業の従業員は会長と社長のどちらを見たらよいのかわからなくなり、会社が分断してしまうといったことも多い。事業承継者がいない場合、規模が大きければM&A（企業の合併と買収）に行かざるを得ない。規模が小さければ、マネジメントバイアウト（MBO、経営陣が参画する自社買収）というよりコンパクトな形も可能である。

　事業の基礎体力（市場での競争力）がない場合、廃業までの時間的余裕の有無が問題になる。時間的余裕があれば、未だ市場価値があるうちに事業を速やかに売却して個人資産をいかに増やすかという戦略的退出が重要となる。一方、時間的余裕がない場合、強いられた廃業をいかに回避するかが課題になる。

　事業承継は、同族企業の場合、20年か30年に1度しか行われない。ビジネスモデルがすでに現在の経営環境から相当ずれている場合、遅ればせながらの経営改革に着手しなければならない。そんな時に、会社が二分していたり、あるいは株が分散して、事業承継者をサポートするようなファミリーの株主構造になっていないのでは話にならない。

　このように、企業を事業の基礎体力の有無、事業承継者の有無、廃業までの時間的余裕の有無という3つの視点から議論することは非常に重要である。ファミリー企業経営者と話す時、私はこうした視点で、一旦企業の課題について仮説を持って面談に臨むようにしている。この分類方法は、使い方によってはPBの皆さんにとっても非常に有益である。例えば、戦略的にみて事業を売却せざるをえないファミリー企業もでてくる。規模の経済性からどうしても現状の売上規模では競合他社の製造原価を実現することが困難になっているため、市場で競争できていない状況にある場合などは事業売却が不可避となる典型例だ。こうした場合、従業員のためにも戦略的に事業を売ってしまったほうがよいとアドバイスすべきことも多いのである。

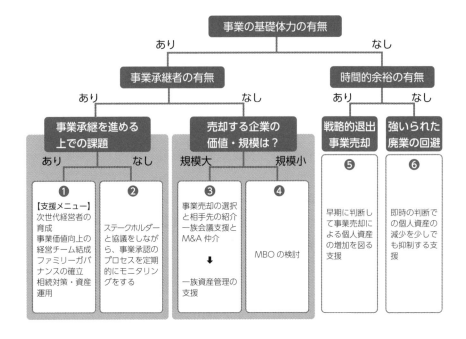

4 　一族の絆を強める資産運用のあり方

　ここで、戦略的にみて事業売却をせざるを得ないオーナー系企業が事業継続にこだわるのはなぜかということについて考えてみたい。オーナー系企業が売却をためらう二つの大きな理由がある。一つはレガシー・コンプレックス、もう一つは一族に内在する遠心力である。

　まず、レガシー・コンプレックスについてであるが、これは一族が代々積み上げてきたレガシー（守るべき一族遺産）である企業を自分たちの代で売っていいのかというためらいである。ただ、創業者から、2代、3代と続いていけば、徐々に一族の事業への関心や創業者の苦しさ、事業の成功の礎となっていた一族の経営理念や行動原則など大切にしていたことが忘れられ、3代目以降からは急速にファミリービジネスの存続率が減っていくのも事実である。そこで、ファミリービジネスにおいては、本来何をレガシーと考えるべきなのか、また、レガシーを運用するための行動指針は何かということが、一族の主要なメンバーで共有されること、そして、それを伝える仕組みがあることが重要になる。事業承継における後継者は、スチュワード

シップと言って、自分が受け継いだものに市場が求めているイノベーションを加え、より良くして2次世代に引き継ぐ使命を持っている。このスチュワード（次世代に一族のレガシーをより強靭にして伝える守護者）という考え方は、未来の世代に対するコミットメントという意味を含んでいる。例えば、エルメスのオーナーは、「この企業は前の世代からもらった資産ではない。次の世代のために預かっている資産にすぎない。」と言っている。この謙虚なコメント、語りの中に、スチュワードの役割の本質がある。

　一族に内在する遠心力とは、時代とともに、リスク分散、個としての多様性の追求、事業成長がもはや一族の個々のメンバーの能力だけでは対応できない難しさの中で、一族のメンバーが経営から徐々に離反してしまう現象を示している。事業を売却し単なる現金を一族が手にすれば、その傾向はもっと強くなる。企業は、雇用を作り、サプライチェーンの一部を担い、そして企業の名前で、いろいろな経済活動をしている。ファミリーも、企業運営をしていた一族として地域で尊敬を集め、社会関係資本の中で、ある意味、事業をする一族として種々便益を受けている。それが、事業を売ってしまうと、無機質なお金だけになってしまう。このことが、事業売却をためらわせる大きな要因となるのである。

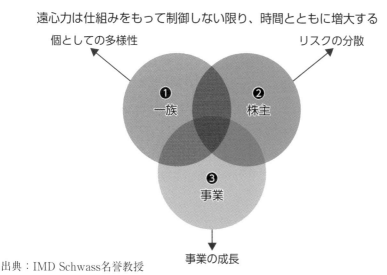

出典：IMD Schwass名誉教授

ここで、オーナーが事業を売却したケースを想定してみる。経営する企業が未公開株の場合、類似業種比準株価を用いること等で相続財産の評価が下がる可能性があったが、事業売却後は株が現金化されるため、未払相続税額が大きく上昇する。また、今まで会社の給与や経費で支えられていたライフスタイルコストを自ら資金管理しなければならない。さらには、売却代金を基にした資産運用の巧拙で資金の耐用年数が決定される。ただ、これら相続税・資金管理・資産運用の3つは、事業を売却した一族にとって見えやすい課題となる。

　そこでプライベートバンカーは、資産運用や相続対策に注力する。しかし私は一歩下がって一族の視点からむしろより重要なのは、見えにくい課題に対する心や仕組み作りだと考えている。事業を売却した一族は一族の輪がなくなり、バラバラになる。また、ソーシャルキャピタル・シールドと呼ばれる社会関係資本の盾がなくなる。一族は、事業経営を通じて、地域に雇用を与え、取引先に利益を生み、地域の祭りなどへの寄付を通じ、社会貢献活動をし、その反射効果として、地域における信用や尊敬を勝ち得てきた。それが、今や無機質なお金になってしまい、父親が生きている間は良いが、次の代では一族はバラバラになるリスクが急速に高まってしまう。つまり、レガシーである自分たちの代だけの資産ではないものを売ってよいのかという問題、そしてこの遠心力の問題という2つの問題を解決しなければならない状況に追い込まれる。事業の売却を難しくしている裏には、実はこういった問題が潜んでいることを忘れてはならない。

　そこで、合理的な売却を促すためには、どういう話をすればよいのかという質問に対し、2つのことを提案したい。一つめは、心の問題として、ファミリーワークショップを通じて、一族の一体性を強化するということである。ファミリーワークショップとは、一族が一体となってファミリー企業を運営していくために、次のような重要事項を討議し、合意することである。

⑴　一族が守るべき基本的価値観

⑵　一族事業が果たすべき社会貢献

⑶　一族の事業への関わり方

(4)　ステークホルダーへの利益配分の考え方

(5)　事業承継者（一族資産管理責任者）選択のあり方

(6)　家族総会や会議の運営のあり方

(7)　一族紛争解決のための手続き

(8)　家族憲章の作成等

　これらの重要事項の討議の過程自体が一族間の理解と絆を深める貴重な機会になることが多くの事例で確認されている。

　もう一つは、合同資産管理会社の設立である。ファミリーが合同資産管理会社（信託を含む）を設立し、合同運用を行うことで、運用は効率化し、以下のようなメリットが得られる。

(1)　資産管理コストの引下げ

(2)　より幅広い投資メニューへのアクセス（PEファンド、ヘッジファンド、プライベート・デッド等）

(3)　信託スキームを活用した資金浪費リスクの防止

(4)　一族運用資産担保融資

5　ケース分析の切り口

　最後に、投資政策書のケース分析について言うと、あらゆるケース分析で最も重要なのは、一族の課題（事業と家族）は何かということである。特に、ファミリービジネスにおいては、3つの切り口、私は三位一体のアプローチと呼んでいるが、①事業における課題、②事業承継に伴う課題、③資産承継や一族問題に関わる課題の3つの切り口が重要となる。

　1つめの事業における課題とは、人材の不足で国際競争ができない、あるいは、ある種の事業のデジタライゼーション（デジタル化）への対応ができないといったことである。2つめの事業承継に伴う問題とは、事業承継者の不在や、経営者が禅譲しないこと等である。3つめの資産承継や一族問題に関わる課題とは、一族間のコミュニケーションの不在やファミリーガバナンスの欠如といったことである。つまり、①事業、②事業承継者、③資産承継・

一族問題の３つに分けて、事業を持つ一族の課題を顧客の視点で包括的に整理をして考える。こうした枠組みを使い、仮説に基づいて、こんな問題があるのではないかという問いかけをすることが、問題提起の質をあげていくことになる。そして、そうした仮説に基づく一族課題に対する答えを出すことが、すなわち合格点となる。問題提起の質が悪い問題の解答は高く評価されない。

　そして、実行上の留意点も重要である。先述の企業の良し悪しをざっくりと営業活動に伴うキャッシュフローで評価することが重要だ。営業キャッシュフローのプラスは絶対的に必要である。そうでないと、銀行は融資してくれない。また、ファンドが投資する場合、EV/EBITDA比率は７倍から11倍が資産評価（企業価値）のベースとなる。最低でも７倍くらいで評価して、この企業の企業価値は、この７年間で企業破壊が進んでいるのか、企業価値創造ができているのか分析する必要もある。このように、EBITDAマルチプル法を用いて、会社の総合的な魅力度を企業価値経営という面から判断する。やはり利益率と成長戦略こそ企業にとって存続基盤である。成長戦略でいうと、Lの二極化の下で、買収する側にまわれるのか、新規事業で成長するのか、国際戦略があるのか、大きくわけて３つしかない。どれをやっているか、どれができそうか、どれもだめなら戦略的な退出するしかないとなる。ただし、その時には、一族として心の問題、資産管理会社の問題を考える必要がある。

❶　課題は何か　　❷　仮説に基づく　　❸　実行上の留意点
　　　　　　　　　　　ソリューション

　また、新事業承継税制が使えれば、相続税の支払いを回避することができる。この恩恵は大きく、その適格性を必ず検討する必要がある。本書のケースにおいても適用可能なものがある。ただ、新事業承継税制を採用すると、事業承継者一人に資産が集中するという問題が残る。その対応策として、残った兄弟姉妹にどのようなバランスの良い資産分割提案をするかが重要となってくる。これは、単なる金額の問題ではなく、資産と資産に内在するリ

スク、あるいは、その資産の創造にどのように貢献したのかということを含めて、総合的に検討する必要がある。この場合の評価の考え方としては、公平性の議論が必要になり、より法律家の考えに近いものになることが多い。税の問題は効率性の点では客観的な答えが出るが、公平性という点では十分でないケースがある。その人が、今までどんな風に活動してきたのか、財産承継後どういうリスクを引き受けることになるのかという問題もある。例えば、個人資産が1つの事業へ集中することのリスク、流動性のない株式を引き受けるリスク、経営者として個人保証の提供等こういったリスクを多面的に評価したうえで、現金を少ない金額でもらうことや、一族事業の価値向上に何の活動もしてこなかった兄弟とのバランスをどう考えるかといった議論は単なる国税への支払税金を少なくするという効率性の問題ではない。これらは、より公平性の観点から一族全体でディスカッションすべき議論である。そういった論点をあげられるかどうかが重要になる。

＜参考文献＞

・「プライベートバンキング（上下巻）」日本証券アナリスト協会編集／ときわ総合サービス㈱発行
・「資産運用・管理の基礎知識」日本証券アナリスト協会編集／ときわ総合サービス㈱発行

＜編集、監修、執筆＞

編集：公益社団法人 日本証券アナリスト協会

監修・執筆：北山　雅一（きたやま　まさいち）
　　　　　　株式会社キャピタル・アセット・プランニング 代表取締役
　　　　　　CMA／公認会計士／税理士
　　　　　　慶応義塾大学商学部卒業後、大手監査法人にて銀行、証券会社、証券投資委託会社の監査に従事。1990年株式会社キャピタル・アセット・プランニングを設立し、代表取締役に就任。
　　　　　　日本証券アナリスト協会PB教育委員会委員、同資格試験委員会委員。

監修・執筆：米田　隆（よねだ　たかし）
　　　　　　株式会社グローバル・リンク・アソシエイツ 代表取締役
　　　　　　早稲田大学ビジネス・ファイナンス研究センター上級研究員（研究院教授）
　　　　　　早稲田大学法学部卒業後、日本興業銀行入行。1985年米国フレッチャー法律外交大学院修士（国際金融法務専攻）。91年株式会社グローバル・リンク・アソシエイツ設立。99年エル・ピー・エル日本証券代表取締役社長、08年取締役会長。2010年同取締役会長を退任と共に現職に復帰。
　　　　　　日本証券アナリスト協会PB教育委員会委員長、同資格試験委員会委員、同職業倫理等審査委員会委員。

執筆：高須　啓志（たかす　ひろし）

株式会社キャピタル・アセット・プランニング

公認会計士

同志社大学商学部卒業後、大手監査法人にて、監査、株式公開準備、M&Aのデューディリジェンスなどに従事。2010年より株式会社キャピタル・アセット・プランニングに勤務。

執筆：川合　拓（かわい　たく）

株式会社キャピタル・アセット・プランニング

CMA／公認会計士／税理士／中小企業診断士／宅地建物取引士／1級ファイナンシャル・プランニング技能士

金融機関において、融資審査業務、投資銀行業務に従事した後、株式会社キャピタル・アセット・プランニングに勤務。

執筆：吉田　満義（よしだ　みつぎ）

株式会社キャピタル・アセット・プランニング

CMA／公認会計士／税理士

一橋大学卒業後、大和銀行（現りそな銀行）にて証券業務に従事、日本コンベヤにて原価計算に従事し、株式会社キャピタル・アセット・プランニングに勤務。資産管理・証券関連のシステム開発と富裕層のコンサルティング業務を担当。

索　引

顧客のための総合提案書の作り方
～事業・資産承継と運用に関する投資政策書入門～

2020年7月10日　初　版第1刷発行

編　者	公益社団法人　日本証券アナリスト協会
発行所	ときわ総合サービス株式会社
	〒103-0022　東京都中央区日本橋室町4-1-5
	共同ビル（室町四丁目）
	☎ 03-3270-5713　FAX 03-3270-5710
	https://www.tokiwa-ss.co.jp/
印刷／製本	株式会社ワコープラネット

落丁・乱丁本はお取り替えいたします。